영성훈련의 이론과 실제

조병두 목사 저

도서출판 한글

책머리에

할렐루야 오직 주께 영광!

필자는 전국 여러 교회를 순회하고 부흥회를 인도하며 성도의 생활을 영적으로 이끌어 줄 만한 실천신학의 관점에서 본 성령론을 강의해 왔습니다. 교역자는 물론 성도들마저 도시로 옮겨가면서 농촌 교회는 존재 여부가 문제될 만큼 남은 성도들은 허탈감에 빠져 있습니다.

이런 현실에서 교회에 새 바람, 새 힘을 불어넣어 성도의 영적 생활을 돕는 길은 이 방법밖에 없다고 생각하여 오래 전부터 많은 교우들의 요청을 받아 오던 중 용기를 내어 미흡하나마 졸저를 펴내게 되었습니다.

본서는 4편으로 구성하였고 각 편은 독립적이면서도 맥락이 이어지도록 편집하였습니다. 영적 생활의 실제적인 면을 간결하고 이해하기 쉽게 썼으며 특히 은사 면이나 열매 면은 이론보다 실천에 비중을 두고 다루었습니다. 본서가 영적 생활을 추구하는 사람에게나 동역자 제헌께 조금이라도 도움이 된다면 다행이겠습니다.

필자를 부흥사로 초청했던 많은 교회 앞에와 정신적 꽃부리가 되어주신 사랑하는 이에게 이 책을 바치며 도서출판 한글 심혁창 사장님께 감사를 드립니다.

조 병 두 목사

차 례

제 1 편 중생의 실제 ·· 7

　　제 1 장 죽은 영의 부활 / 9
　　제 2 장 중생의 의의 / 14
　　제 3 장 중생의 방법 / 18

제 2 편 영적 성장의 실제 ·· 27

　　제 1 장 영적 생활의 의의 / 29
　　제 2 장 은혜 안의 성장 / 36
　　제 3 장 성화 / 44
　　제 4 장 영적 지식의 성장 / 50
　　제 5 장 신앙의 성장 / 57
　　제 6 장 영력에의 성장 / 63
　　제 7 장 성령의 축복 역사 / 70

제 3 편 은사의 실제 ·· 73

　　제 1 장 은사의 의의 / 75
　　제 2 장 사도적 은사 / 85
　　제 3 장 예언의 은사 / 87
　　제 4 장 가르치는 은사 / 96
　　제 5 장 목사의 은사 / 99
　　제 6 장 복음 전도 은사 / 104
　　제 7 장 치리의 은사 / 108

제 8 장 권위의 은사 / 112
제 9 장 섬기는 은사 / 118
제10장 지혜, 지식, 말씀, 은사 / 141
제11장 믿음의 은사 / 143
제12장 신유의 은사 / 150
제13장 능력 행하는 은사 / 155
제14장 영 분별의 은사 / 159
제15장 자비의 은사 / 161
제16장 방언의 은사 / 163
제17장 방언 통역의 은사 / 171

제 4 편 영적 열매의 실제·· 175

제 1 장 영적 열매의 의의 / 177
제 2 장 사랑의 열매 / 181
제 3 장 희락의 열매 / 187
제 4 장 화평의 열매 / 191
제 5 장 인내의 열매 / 200
제 6 장 자비의 열매 / 207
제 7 장 양선의 열매 / 213
제 8 장 충성의 열매 / 219
제 9 장 온유의 열매 / 225
제10장 절제의 열매 / 229

• 찾아보기

제 1 편
중생의 실제

"그러므로 우리가 그리스도 도의 초보를 버리고 죽은 행실을 회개함과 하나님께 대한 신앙과 세례들과 안수와 죽은 자의 부활과 영원한 심판에 관한 교훈의 터를 닦지 말고 완전한 데 나아갈지니라"(히 6:1-2).

제 1 장
죽은 영의 부활

"진실로 진실로 네게 이르노니 사람이 물과 성령으로 나지 아니하면 하나님 나라에 들어갈 수 없느니라"(요 3 : 5).

1. 이 기쁜 소식

이 기쁜 소식을 온 세상 전하세, 큰 환란 고통을 당하는 자에게
주 믿는 성도들 다 전할 소식이 성령이 오셨네
성령이 오셨네 성령이 오셨네, 내 주의 보내신 성령이 오셨네
이 기쁜 소식을 온세상 전하세, 성령이 오셨네.

여기에 우리의 가슴을 뛰게 하는 기쁜 소식이 있다. 시간과 공간을 초월한, 온 인류가 꼭 받아야 하는 최대 뉴스이다. 그것은 우리 인간의 죽은 영들을 살리시기 위해 거룩하신 하나님의 성령이 이 세상에 임하신 소식이다.

누가 이 소식을 받겠는가? 그들만이 이 경이로운 소식의 의미와 기쁨을 진정 알 것이다. 성령을 받았을 때의 기쁨은 한없다. "세상에 이

렇게 즐겁고, 이렇게 감사한 일이 또 어디 있을까?

아, 세상 모든 지각에 뛰어난 그 평안! 세상 모든 것을 주어도 바꿀 수 없는 그 만족감! 하늘은 맑고 땅은 아름답고 나는 새, 흐르는 물, 풀 한 포기, 나무 한 그루가 다 기쁨에 흔들리며 나를 부러워하는 것같다. 생동하는 생명, 찬란한 소망, 가득 차는 사랑, "나는 이제 아무도 부럽지 않다"고 부르짖게 된다. 오직 성령의 충만만 바라게 된다.

왜 성령이 오시는 체험이 그렇게 기쁠까? 그것은 죄와 허물로 죽었던 심령이 다시 살아나기 때문이다. 그러므로 죽었다가 살아나는 감격이 거기에 있다. 그것은 성령으로 말미암아 생명이 살아나는 영의 봄을 맞이하기 때문이다. 그러므로 겨울을 보내고 봄을 맞는 신비가 거기에 있다. 그리고 그것은 지혜와 은혜, 화평과 사랑, 믿음과 능력 등 모든 신령한 하늘 보화를 한꺼번에 다 받는 축복의 순간이기 때문이다.

성령을 받는다는 것은 그 생명, 그 사랑, 그 진리, 그 능력, 그 은혜를 받는 하나님의 아들의 영광을 얻는 것이다. 할렐루야! 이것은 하나님께서 인간에게 내리시는 가장 큰 선물이요 축복이다. 인간으로서 이보다 더 큰 축복과 영광이 어디 있으랴!

2. 죽은 영들

하나님은 에스겔 선지에게 먼저 죽은 자들의 마른 뼈를 보여 주셨다 (겔 37 : 2). 그것은 거듭나지 못한 본래 모든 인간은 누구나가 다 그 영이 죄와 허물로 죽은 상태로 있다는 것을 보여주심이다.

거듭나고자 한다면 먼저 모든 사람이 죽었다고 말씀하시는 하나님의 음성을 들어야 한다. 로마서 5장 12절에 "이러므로 한 사람으로 말미암아 죄가 세상에 들어오고 죄로 말미암아 사망이 왔나니 이와 같이 모든 사람이 죄를 지었으므로 사망이 모든 사람에게 이르렀느니라" 하였고, 또 에베소서 2장 1절에도 "허물과 죄로 죽은 너희를 살리셨도다" 라고 하여 인간의 영적 죽음을 선포하셨다. 모든 사람은 한 사람 아담 안에서 다 죽은 것이다.

하나님께서 아담에게 "선악과는 따 먹지 말라, 먹는 날에는 정녕 죽으리라"하셨다. 그러나 결국 인간 아담은 불순종하고 하나님의 주권을 침범하는 죄를 짓게 되었다. 선악과를 따 먹은 것이다. 그런데 어찌된 일인가? 그는 죽지 않고 멀쩡하게 살아 있었다. 그러나 문제는 사탄이 유혹할 때 한 말대로 그들의 눈이 밝혀진 사실이다. 하나님과 그 영광, 그 사랑, 그 축복은 보이지 않고 보여져서는 안될 저들의 죄악에 빠진 벌거벗은 욕된 육의 모습만 보여진 것이다. 영이 죽어 영적 것이 안 보이고 인간의 육체가 되어 육의 추한 모습만 보인 것이다. 영이 죽어 하나님과의 교제는 끝나고 하나님이 공포의 대상이 된 것이었다. 영적인 모든 기능이 상실되었다.

사람의 육신이 죽으면 시각, 청각, 미각, 후각, 촉각의 기능을 잃고, 숨도 못 쉬고 말도 못 하고 행동도 못 한다. 그와 같이 사람의 영이 죽을 때 영의 기능을 잃는 것이다. 인간이 죄악으로 죽었다는 것은 바로 이 영적 기능의 상실을 말한다.

그러면 사람의 영적 기능이란 무엇인가?

(1) 범죄 후 인간에게서 상실된 영적 기능

사람의 육체에 시, 청, 후, 미, 촉각의 5기능이 있고 마음에는 지, 정, 의의 3기능이 있듯 영에도 3기능이 있다.

① 영적의 기관 : 영이 영과 교제하는 기능(고후 13 : 13, 요 4 : 23)
② 직관의 기관 : 영적 감각 기능(고전 2 : 21)
③ 양심의 기관 : 영적 모든 것을 분별하는 기능(시 51 : 10)

(2) 범죄 후 인간에게서 사라진 하나님 형상

① 영원성 : 영생하시는 하나님 형상
② 정치성 : 만물을 통치하시는 하나님 형상
③ 도덕성 : 거룩하신 하나님 형상

사람이 그 영이 죽으니 육체가 되어 하나님의 신이 함께 할 수 없게 되었다. 슬프다! 영이 죽은 자는 자는 살았으나 실상은 죽은 자인 것이다. 죽은 영은 반드시 살아나야 한다.

어두워지고 타락한 영은 성령을 힘입어 하나님의 생명을 받아들이게 됨에 따라 새로이 살아나게 되고 그 영적 기능과 하나님 형상이 회복된다. 이것이 영적 생활의 기본인 중생이다.

3. 이 뼈들이 능히 살겠느냐?

"인자야 이 뼈들이 능히 살겠느냐 하시기로 내가 대답하되 주 여호와여 주께서 아시나이다"(겔 37 : 3).

하나님은 에스겔 선지에게 죽은 사람의 마른 뼈들이 능히 살겠느냐 물으셨다. 그 물으심에 에스겔은 "주 여호와여 주께서 아시나이다"라고 대답하셨다. 그것은 사람의 이성으로 생각할 수도, 이룰 수도 없는 불가능한 일이기 때문이었으리라. 어느 누가 죽은 자의 뼈가 살 수 있겠다고 말할 수 있겠는가? 그러나 "주께서 아시나이다"라고 한 것은 사람 에스겔로서는 모르지만 하나님으로서는 하실 수도 있으시다는 의미가 포함되었다고 할 수 있다.

에스겔의 이 예언의 말씀은 역사적으로 볼 때 바벨론에 사로잡혀 가 있는 이스라엘 민족의 회복을 예언한 것이지만, 영적으로는 영적 부흥을 예언한 말씀이다. 성령 역사로 인한 성도의 영의 회복을 예언한 말씀이다.

사람은 원래 영이 죽어 영적으로 아무 것도 할 수 없던 송장이요, 마른 뼈와 같은 상태이지만 하나님은 살리실 수 있으시다는 말씀이다. 시체는 죽었기 때문에 시체로서는 아무 것도 할 수 없듯 인간 스스로 자신의 중생을 위해서는 아무 것도 할 수 없지만, 하나님은 살리실 수 있으시다는 것을 보여주신 말씀이다.

오직 하나님만이 생명의 근원이신고로 하실 수 있다. 사람은 죽은 사람에게 어떠한 방법을 써서 노력해 봐도 살릴 수가 없다. 소리를 지르고, 북을 치고, 나팔을 불고, 잡아 일으켜도 살아날 수가 없다. 다만 성령만이 사람의 영혼을 감동시킬 수 있고 살릴 수 있다. 그것을 이 에스겔서 37장이 보여주고 있다. 중생의 역사에는 오직 하나님의 전적 행위로써 이루어진다.

하나님은 눈 깜짝 할 사이에 순간적으로 뼈만 남은 죽은 사람을 살려 큰 군대가 되게 했듯이 성령은 순간에 우리 죽은 영도 살려 새 사람을 이루게 하신다. 이것이 중생, 즉 거듭나는 것이다. 성령의 신비로운 영적 기적이다. 그 비밀을 알 사람이 아무도 없다.

오늘날 교회가 당면한 문제가 무엇인가? 그것은 우리들 교회 내의 중생하지 않은 교인들이 많다는 점이다.

나는 많은 집회를 다니면서 수 많은 사람들이 중생을 하지 못하고 교인만 되어 있는 것을 보았다. 사람의 실 상태는 하나님만이 아신다. 하나님은 속일 수 없다. 하나님은 사람의 심령 상태를 있는 그대로 알고 계시기 때문이다.

어느 기도원 집회를 마치던 밤, 중생하지 못한 사람은 다 앞으로 나오라 하였다. 거기에는 이상하게도 집사 이상 직분자들만 모인 곳인데도 반 이상이 일어나 앞으로 나왔다. 그 중에는 유력한 직분자들도 끼어 있었다. 그 중 한 집사는 울먹이면서 자기는 위선자요, 형식뿐인 교인이었다고 회개를 했다. 하나님을 믿노라고, 하나님을 섬기노라고 했지만 실은 마음 깊이엔 아무 체험도 없이 교회만 다녔다고 슬퍼했다. 할렐루야! 교회 내 그리스도인이라 자처하는 사람들 중에 중생을 체험 못한 이들도 많지만, 중생을 하여야 된다는 것조차도 모르는 사람들이 꽤 많다는 것은 가슴 아픈 일이 아닐 수 없다. 이런 사람을 일깨우고 그 영들을 주 앞에 바로 이끌어줄 사명이 우리 모두에게 있다고 보지 않는가?

"이 뼈들이 능히 살겠느냐?"고 하나님은 오늘도 묻고 계시리라!

제 2 장

중생의 의의

"누구든지 그리스도 안에 있으면 새로운 피조물이라 이전 것은 지나 갔으니 보라 새 것이 되었도다"(고후 5 : 17).

1. 중생의 의의

중생이란 무엇인가 이제 그 의의를 상고해 보자.

중생의 원어 '팔린게네시아스'는 마태복음 19장 28절과 디도서 3장 5절에 있고, 중생이라고 번역된 단어는 디도서 3장 5절뿐이다. 중생은 거듭나다, 재생 또는 재소생하다라는 의미가 있다. 중생의 다른 표현인 거듭남의 헬라 원어 아노텐은 위로부터, 하나님으로부터 새롭게 난다는 뜻이다(요 3 : 3, 5, 7, 벧전 1 : 3, 23). 그러므로 중생은 행동의 방향 전환이나 마음의 변화, 수정이 아니요, 영의 재생이고 부활이며 새로운 하나님의 창조라는 뜻이다.

(1) 중생은 새로운 출생이다(약 1 : 18).

야고보서 1장 18절엔 하나님께서 진리의 말씀으로 우리를 낳으셨다고 하였다. 중생은 하나님으로부터 새 생명을 받는 것을 뜻한다.

(2) 중생은 영적 부활이다(엡 2 : 5).

에베소서 2장 5절은 "허물로 죽었던 우리를 그리스도와 함께 살리셨도다"하였고, 요한복음 5장 25절에는 "진실로 너희에게 이르노니 죽은 자들이 하나님의 음성을 들을 때가 오나니 곧 이 때라 듣는 자는 살아나리라"하셨다. 중생은 그리스도의 부활을 믿는 기초 위에서 되어진 영적 부활이다. 그래서 베드로전서 1장 3절에 "그리스도께서 부활하심으로 말미암아 우리를 거듭나게 하사 산 소망이 있게 하셨다"하였다.

(3) 중생은 새 창조이다(고후 5 : 17).

고린도후서 5장 17절에 "누구든지 그리스도 안에 있으면 새로운 피조물이라 이전 것은 지나갔으니 보라 새 것이 되었도다"하였다. 중생은 근본 변화로 새 성품, 새 자질, 새 자격, 새 영으로 새롭게 창조된다는 뜻이다.

중생의 뜻을 간단히 요약하면 하나님께서 새 생명을 성령을 통하여 사람에게 주어 죽은 영을 살리시며 영의 본 기능을 역사할 수 있게 회복해 주시는 영적 역사라 할 수 있다.

2. 중생의 성질

(1) 중생은 근본 변화이다.

죽은 사람의 뼈가 살아나듯이 죽은 영이 근본적으로 출생하는 것이 중생이다. 성령님의 외적인 접근이 아니라 깊은 심령 속에 침투하여 새 영을 출생시키는 근본적인 역사이다. 사람의 행위와 생활이 변화되자면 그 근원이 바뀌어야 한다. 더러운 샘에서 맑은 물을 얻으려면 그 근원을 찾아 그 샘 자체를 변화시켜야 하며, 만일 좋은 열매를 원한다면 본래 좋은 열매 맺는 나무로 가야 하듯 사람도 새 생활, 새 행동을 하려면 그 본성 속 사람을 바꿔야 한다. 중생은 성령의 신비한 방법으로 근본 그 영을 새롭게 하는 근원적인 변화이다.

(2) 중생은 순간적으로 일어난다.

중생은 순간적이다. 창조가 순간적이며, 존재와 비존재의 중간 상태가 없듯 유아의 출생도 순간적이고, 출생과 무의 중간 상태가 없듯 중생도 순간적이고 죽은 영과 중생의 중간 상태는 없다. 성령이 임하는 즉시 중생된다.

무디 목사님이 여행 중 우연히 부랑배와 동승하게 되었다. 그 부랑배는 무디 목사님을 알아 차리고 농담조로 물었다. "나같은 악독한 깡패가 천국에 가려면 몇 년이나 걸리겠읍니까?" 무디 목사는 "단 5분이면 됩니다"라고 대답하였다. 그 부랑배는 그 목사님 말씀에 충격을 받아 곧 믿고 그 후 중생하여 새 사람이 되었다 한다.

(3) 중생은 유일회적이요 영원하다.

사람이 중생 후에 믿음이 약해지거나 죄악에 빠졌다 해서 다시 중생하는 것은 아니다. 아이가 병들고 약해졌다 해서 다시 어머니 태 중에 들어가서 태어날 수 없는 것과 같다. 중생은 영생을 받는 것인 고로 중생한 생명은 영원하다.

(4) 중생은 성령의 임의적인 주권 행위이다.

바람이 임의로 불되 사람이 그 소리는 듣지만 어디서 오는지 어디로 가는지 알 수 없듯(요 3:8), 성령도 바람같이 사람의 의지와 상관 없이 임의로 역사하신다. 중생은 구원의 내적 역사이니 하나님의 주권일 수밖에 없다.

(5) 중생은 영적이요 반 의식적인 변화이다.

중생은 하나님의 신비로운 사역이기 때문에 사람이 그 순간을 의식 못할 수도 있다. 그러나 무의식적이라 할지라도 영적 감화를 통하여 이루어지기 때문에 심리적 여러가지 변화를 경험하게도 된다. 중생은 반의식적으로 이뤄진다.

제 3 장

중생의 방법

"이에 내가 명을 좇아 대언하니 대언할 때에 소리가 나고 움직이더니 이 뼈, 저 뼈가 들어 맞아서 뼈들이 서로 연락하더라 내가 또 보니 그 뼈에 힘줄이 생기고 살이 오르며 그 위에 가죽이 덮이나 그 속에 생기는 없더라…… 이에 그 명대로 대언하였더니 생기가 그들에게 들어가며 그들이 곧 살아 일어나서 서는데 극히 큰 군대더라"(겔 37 : 7-10).

1. 중생의 2단계

에스겔서 37장의 죽은 자가 살아나는 단계를 보면 2단계인데, 첫 단계가 6동작이고 둘째 단계가 1동작이다. 에스겔이 대언하니 첫 단계에 죽은 뼈가 소리가 나고 움직이며 뼈들이 서로 맞아 연락되고 힘줄이 생기고 살이 오르고 가죽이 덮였다.

이것은 살리기 위한 예비 동작으로 직접 살리는 동작은 아니다. 살리는 직접 동작은 죽은 자에게 생기를 들어가게 하는 일이다. 에스겔이 두 번째로 생기를 향해 대언하니 그 때 비로소 죽은 자에게 생기가 들어가서 살아 일어나게 되었다.

중생도 두 단계가 있다. 중생은 전적인 성령 역사로 성령의 임재로

만 이뤄지지만 그 예비 동작인 회개나 말씀 역사, 기도, 은혜 역사, 믿음 역사도 없어서는 안될 역사이다. 그것들은 중생을 위한 성령의 예비 조치로 성령이 택하신 자의 심령을 감화하시어 이루시는 일이다. 이 준비가 이루어진 자에게 성령은 임재하신다. 주님께서도 요한복음 3장 5절에 물과 성령으로 나지 아니하면 하늘나라에 들어 갈 수 없다 하셨다.

여기에 물은 예비 동작이며 성령은 중생의 직접 원인이 된다.

```
         ┌ 물    세    례(벧전 3 : 21) ┐
     물 ┤ 회개, 말씀, 기도, 은혜, 믿음 ├ ＋성령＝중생
         └ 선한 양심이 하나님을 찾아감 ┘
```

이제 중생 진리의 실제 단계를 알아보자.

(1) 중생의 예비 단계

① 소리가 나고 - 회개 (겔 37 : 7)

"너희가 회개하여 각각 예수 그리스도의 이름으로 세례를 받고 죄 사함을 얻으라 그리하면 성령을 선물로 받으리라"(행 2 : 38).

이 말씀은 사람이 성령을 받으려면 반드시 회개해야 될 것을 말씀하심이다. 에스겔 골짜기 죽은 자들이 살아날 때 먼저 소리가 났다. 소리는 출생의 신호요, 살았다는 증거이다. 죽은 자는 소리가 없다.

유아가 출생할 때 울음소리가 있듯이 영의 출생인 중생의 때에도 회개의 소리가 있다. 구원이 회개 없이 이루어질 수 없듯이 중생에 있어서 회개는 필수 요건이다. 회개가 중생이 아닌 것은 사실이나, 회개의 문턱을 넘지 않고 들어가는 중생은 있을 수 없다. 회개는 중생을 위해사 람의 선한 양심이 하나님을 찾아 가는 하나의 사건이다. 하나님은 택하신 자들에게 회개의 영을 부어 주시어 죄를 토설하게 하시고 사죄의 경험을 주시어 중생을 얻게 하신다(엡 4 : 22).

성도에게 두 종류의 회개가 있다. 중생을 위해 하는 근본 회개와 중생 후에도 성화를 위해 때때로 해야 하는 일상 회개이다. 근본적인 회개로 자신의 영을 열어 반드시 중생해야 산다(회개의 진리는 38페이지

② 뼈와 연락 – 말씀(겔 37 : 7)

"너희가 거듭난 것이 썩어질 씨로 된 것이 아니요 썩지 아니할 씨로 된 것이니 하나님의 살아 있고 항상 있는 말씀으로 되었느니라"(벧전 1 : 23). "그가 그 조물 중에 우리로 한 첫 열매가 되게 하시려 자기의 뜻을 좇아 진리의 말씀으로 우리를 낳으셨도다"(약 1 : 18).

죽은 자가 살아나는 둘째 동작은 뼈의 연락이다. 하나님의 말씀은 심령의 뼈다. 뼈가 연락되어 죽은 자가 살아나듯이 말씀을 깨닫고 믿어 중생된다. 뼈가 튼튼해야 힘을 쓸 수 있듯이 말씀에 굳게 설 때 심령이 강해진다. 뼈 없는 사람이 사람 구실 못하듯 말씀이 없는 심령도 성도의 구실을 못한다. 하나님은 우리를 말씀으로 낳으셨다고 하셨다. 말씀을 더 깊이 연구하자.(성경 연구 54페이지)

③ 힘줄이 생기고 – 기도(겔 37 : 8)

생명을 지속시키기 위해 피는 심장에서 나와 전신을 도는데 하루에 2천 7백 리를 돈다고 한다. 우리의 심령이 살려면 기도의 힘줄이 돌아야 한다.

"너희가 악할지라도 좋은 것을 자식에게 줄줄 알거든 하물며 너희 천부께서 구하는 자에게 성령을 주시지 않겠느냐"(눅 11 : 13). 이 말씀은 성령을 받는 데 기도가 얼마나 중요한가를 보여주는 말씀이다. 우리는 중생시 기도의 힘줄이 도는 체험을 느낀다.

기도는 만들어 하는 기도가 있고, 이끌리는 기도가 있고, 솟아나는 기도가 있다. 기도로 중생의 길을 닦고 기도로 영력을 얻는다. 야곱의 불굴 기도, 엘리야의 직통 기도, 다니엘의 정력 기도, 솔로몬의 예물 기도, 에스더의 결사 기도와 같은 기도의 힘줄을 얻자. 뽕나무에 올라간 삭개오처럼, 지붕을 뚫은 중풍 환자처럼 힘써 구하여 성령을 받아 중생하자. 피 없이 살 수 없듯 기도 없이 살 수 없다. 기도는 중생의 강한 성령의 예비 조치이다.

④ 살이 오르고 – 은혜(겔 37 : 8)

"오직 그의 긍휼하심을 좇아 중생의 씻음과 성령의 새롭게 하심" (딛 3:5). 중생은 사람의 수양이나 노력으로 되는 것이 아니라 은혜로 된다. 그러므로 중생하는 자는 은혜를 체험하게 된다. 은혜를 받는 기쁨을 맛본다. 은혜의 살이 오르고 풍성할 때 생명의 역사도 강해진다. 은혜는 모든 신령한 것의 근원이다. 은혜 안 받고 영적인 것은 아무 것도 안된다. 병들면 살이 빠지듯 심령이 병들면 은혜가 떨어진다. 은혜를 충만히 받아 생명의 풍성에 이르라.

⑤ 가죽이 덮이고 – 믿음 (겔 37:8)

"너희가 성령을 받은 것은 율법의 행위로냐 듣고 믿음으로냐?" (갈 3:2) "하나님께서 그를 죽은 자 가운데서 살리신 것을 네 마음에 믿으면 구원을 얻으리니" (롬 10:9). 중생을 주시기 위해 성령께서 먼저 믿음을 주신다. 구원이 믿음이 없이 안되고 칭의가 믿음이 없이 안되며 하나님의 자녀가 믿음이 없이 안되는 것처럼, 중생도 믿음이 없이 될 수 없음이 분명하다. 칭의는 구원의 자격적 말이요, 하나님 아들이란 구원의 신분적 용어요, 중생은 구원의 내적 역사이다. 이 모든 것이 오직 믿음으로 된다.

사람에게 피부가 그 사람의 젊고 늙음과 아름다움과 추함을 나타내는 것처럼 믿음이 그 심령의 생명 상태, 성령 충만 상태, 은혜 상태를 나타낸다. 우리는 마음에 하나님을 아버지로, 예수님을 구주로 믿어 구원에 이르고 중생하며 더 강한 믿음을 가져 생명의 풍성함에 이른다. 믿음이 피부에 비유되는 것은 믿음은 표면화될 때 산 믿음이 되기 때문이다. 아브라함은 백 세에 낳은 외아들도 하나님께 번제를 드리라는 명령에 순종하여 믿음을 나타냄으로써 믿음의 조상이 되었다.

믿음은 마음에서 입으로, 입에서 행동과 생활로 나타내질 때 산 믿음이 된다. 믿음은 마음으로 믿고 행동으로 걸어가는 것이다. 의심은 믿음이 아니다. 믿는 사람에게는 의심이 있을 수 없다. 보는 것이나 듣는 것에 의지하지 않고 언제나 믿음의 태도로 굳세게 걸어가는 것이다. (신앙 진리 57-62페이지)

(2) 중생의 직접 역사

① 생기가 들어감 – 성령의 임재(겔 37 : 10)

"생기를 그 코에 불어 넣으시니 성령이 된지라"(창 2 : 7). "내가 생기로 너희에게 들어가게 하리니 너희가 살리라"(겔 37 : 5). "바람이 임의로 불매 네가 그 소리를 들어도 어디서 오며 어디로 가는지 알지 못하나니 성령으로 난 사람은 다 이러하니라"(눅 3 : 8).

중생을 위해 회개도 말씀도 은혜도 믿음도 중요하다. 그러나 그것들은 중생의 역사가 아니다. 예비 조치인 준비에 불과하다. 중생은 오직 성령의 임재로 된다. 오직 성령의 임의적인 완전 단독 역사이다. 중생에 있어서 성령은 전적 능동적이고 사람은 전적 수동적이다. 성령이 어떻게 사람의 영에 들어오셔서 좌정하시고 어떻게 인간의 심령을 새롭게 하는가는 하나님의 신비로운 능력 역사이지만 분명히 우리가 알아야 할 것은 성령을 받을 때 사람의 성령이 중생된다는 것이다.

성령은 죽은 영에 거하지 않으신다. 중생은 성령의 내주를 뜻하며 성령의 인침을 말한다. 중생은 가장 본질적이고 핵심적인 증거가 우리가 하나님의 아들이라는 확신이다. 성령은 우리 안에 인쳐 아바 아버지라 부르짖게 하신다. 즉 성령께서는 영으로 우리 의지와 감정에 직접 역사하셔서 우리가 아들이라는 확신을 주신다.

2. 중생의 체험

"이방인에게도 성령 부어주심을 인하여 놀라니"(행 10:45), "시몬이 사도들의 안수함으로 성령받는 것을 보고"(행 8:18). 성령받은 그들은 받을 때 받았음을 알았다. 자기뿐 아니라 다른 사람까지도 알았다고 가르치고 있다. 오순절 성령강림 때 120성도의 경우 그들 자신은 물론 남도 알았고, 사마리아 성에 성령이 내려질 때에 그들도 제자들도 알았으며 심지어 마술사 시몬도 그것을 보고 느껴 부러워 돈 주고 사려다 책망을 받았다. 고넬료 가정의 경우도(행 19 : 45), 에베소 교회 경우도 마찬가지이다(행 19). 성령받아 중생한 것은 받은 후 체험되는 것이 성경적이다. 웨슬레도, 무디도, 스펄젼도, 빌리 그래함도 다 그것을 간증했었다. 우리는 스스로 속지 말자. 본다 하나 보지 못했던 바리새인같이 중생도 못하고 스스로 중생했다고 착각 말고 참으로 중생하여 변화를 받아야 한다. 성령의 체험은 성령의 주권적인 역사이기에 일률적으로 말할 수는 없다. 성령께서 각 개인에 따라 다른 방식으로 그 확신을 주시는 것이다. 어떤 이에게는 폭포수같이 빠르고 어떤 이에게는 강물같이 느리다. 그 체험이 영적인 데서 심적인 데로 또 육적인 데로 온다. 성령이 우리 안에 있음을 모르면 하나님께 버리운 자다(고후 13:5). 아! 성령의 체험, 그 놀라운 기쁨! 그 충족감! 그 평화! 하늘의 모든 것이 내게 쏟아져 오는 그 행복감! 모든 것을 버리고도 기쁨만 넘친다.

　어떤 암으로 죽어가던 창녀가 손수레에 실려 최후 수단으로 집회에 참석하였다. 그녀는 암으로 고통받아 부어 오른 복부와 창백해진 피부에 앙상하게 뼈만 남아 있었다. 그는 예수 그리스도의 새 생명에 대한 메시지와 사람이 어떻게 주를 영접하고 성령으로 거듭나는가를 들었다. 주를 영접할 때 성령으로 인해 사람이 영적으로, 정신적으로, 육체적으로 새 생명을 얻게되는 귀한 진리를 들었다. 이 창녀는 그 때까지의 자기 삶이 너무도 헛되고 더러운 것을 크게 후회하고 회개하고 슬퍼하였다. 그 여인은 주께 바칠 것이라고는 아무 것도 없으며, 방탕하여 병들은 치료할 수 없는 쓰레기같은 죽을 몸만 남은 것을 깨달았다. 그녀는 하나님께서 자기의 모든 죄를 용서해 주시기까지 자기를 사하여 주시며 성령으로 새 생명을 주신다는 이 엄청난 사실을 믿을 수가 없었다. 그러나 그들은 그녀에게 오직 믿기만 하라고 하였다. 마침내 그녀는 보잘것없는 자기에게 은혜를 베풀어 달라고 주께 울부짖었고, 주님은 저를 영접하셨다. 깊고도 넓은 하나님의 사랑의 응답이 그녀에게 나타났다. 확실한 용서와 기쁨이 와진 것이었다. 새 생명이 그녀 안에서 태어나 거듭난 것이다! 할렐루야! 그녀는 비록 누워 있었지만 평안과 감사가 충만하였기 때문에 너무 기뻐서 울며 자기 친구를 쳐다보았다. 그리고 자기의 뼈만 남아 앙상한 팔을 힘차게 뻗어 친구들의 손을 잡고 벌떡 일어났다. 그것은 실로 수 개월만에 일어난 일이었다. 그녀의 친구들과 함께 울며 하나님께 감사했다. 그녀는 얼마 후 자기 몸에서 암이 자취를 감추고 팔다리가 원기를 회복하는 것을 느꼈다. 그리고 그 은혜를 영원히 잊지 않고 남은 그의 생애를 바쳐 주를 증거하는 사람이 되었다. 할렐루야! 할렐루야! 이제 이 놀라운 하나님의 역사에 대한 증거를 위하여 위대한 신앙인들의 중생의 체험들을 들어보기로 하자.

＊로버트 부르스의 간증(1554~1631)

  하늘의 문이 내게 열렸읍니다. 그의 영이 참된 기쁨과 영적인 고상한 빛으로 내 속에서 공공연하게 음성으로 내게 증거하셨다. 그 음성이 어찌나 분명하게 들렸는지 눈물이 왈칵 쏟아졌다. 나의 죄됨을 깨우쳐 줌으로 곤고한 나에게 그러한 은혜로운 말씀을 부어주시는 방식에 감탄하게 되었다.(그의 편지에서)

＊조나단 에드워즈의 간증(1703~1758)

  기도하는 중에 온 세상으로부터 멀리 떨어져 산 중에 홀로 있어 하나님 안에 감싸여 있는, 아니 삼킨 바 된 채 그리스도와 달콤하게 이야기를 나누는 일종의 환상을 느꼈다. 신성한 것들에 내가 가졌던 그 느낌은 종종 내 마음 가운데서 달콤한 불을 지피는 황홀감이었다. (그의 전기에서)

＊요한 웨슬레의 간증(1703~1791)

  새벽 기도 시간에 하나님의 능력이 우리에게 계속 너무도 강력하게 임하였으므로, 많은 사람이 기쁨에 넘치는 소리를 외쳤으며 많은 이들이 땅에 고꾸라졌다. 우리는 그 위엄의 임재하심으로 인한 경외와 경악에서 깨어나자 곧 한 목소리로 "우리가 당신을 찬양하옵니다. 오 하나님, 우리는 당신께서 주님이심을 인정하옵니다"라고 외치기 시작하였

다.(웨슬레의 일기 중에서)

* 찰스 피니의 간증(1792~1875)
  금식과 철야 기도를 마치고 막 내가 돌아와서 불 옆의 자리에 앉으려 할 때 나는 강한 성령의 충만함을 입었다. 그것은 전혀 기대하지 않았고, 나에게 그러한 일이 있으리라고는 상상조차 못했으며, 세상 어느 사람에게도 그런 일이 언급된 것을 전혀 들어본 일이 없음에도 성령께서 내 영과 몸을 꿰뚫을 것같이 내게 임하신 것이다. 어떤 말로도 내 마음에 부어진 그 놀라운 사랑을 표현할 수 없다. 나는 기쁨과 사랑으로 소리내어 울었다.(그의 전기에서)

* 무디의 간증(1837~1899)
  어느날 나는 묘사해낼 수 없는 너무나 경이로운 체험을 하게 되었다. 바울도 14년 동안 말하지 않았던 한 체험을 가지고 있었다. 나는 다만 하나님께서 자신을 계시하셨노라고 말할 수밖에 없다. 나는 그러한 그의 사랑의 체험을 너무나 강하게 한 나머지 나는 그에게 하나님의 손을 멈추어 달라고 간구해야 할 정도였다.(그의 전기에서)

제 2 편
영적성장의 실제

"우리가 다 하나님의 아들을 믿는 것과 아는 일에 하나가 되어 온전한 사람을 이루어 그리스도의 장성한 분량이 충만한 데까지 이르리니…… 오직 사랑 안에서 참된 것을 하여 그에게까지 자랄지라 그는 머리니 곧 그리스도라"(엡 4 : 13-15).

제 1 장
영적 생활의 의의

1. 영적 생활이란 무엇인가?

성령으로 거듭난 이는 영적으로 살 의무가 있다. 영적 생활이란 무엇인가? 어떻게 살아가는 것인가? 그것은 성령을 따라 사는 생활, 성령으로 행하는 생활이다(갈 5:16). 사람에게는 본래 아담에게서 물려 받은 육의 소욕이 있고 성령으로 거듭나서 그리스도와 연결된 영의 소욕이 있다. 사람이 이 둘의 소욕 중 어느 하나에 기울어져 따라 살게 마련이다. 육의 소욕을 따라 육의 편에 살든지 영의 소욕에 따라 성령의 편에 살든지 이 중 하나를 선택하여 살게 된다. 영적 생활을 한다는 것은 육의 소욕에 따라 살지 않고 성령의 인도하심에 따라 사는 생활이다. 성령의 역사에 자신을 맡기고 사는 생활이다. 성령이 거듭난 성도의 영 안에서 인간 스스로 할 수 없는 것을 요구할지라도 아멘으로 따르는 생활이다. 그것은 순종의 생활, 믿음의 생활이다. 우리가 어떻게 얼마나 믿고 사느냐에 따라 어느 정도의 영적 생활을 할 수 있는 것이 결정된다. 믿음의 폭이 크면 클수록 영적 향유의 폭도 그 만큼 클 수 있는 것이다. 육의 생각은 사망이요 영의 생각은 생명과 평안이 넘친다(롬 8

: 6). 육의 생활은 아담 안에 생활이니 사망일 수밖에 없고 영의 생각은 그리스도 안의 생활이니 그 믿음에 따라 더욱 생명이 풍성하고 더욱 평안이 넘치는 것이다. 거듭난 성도는 육의 일은 생각만 해도 괴롭고 영의 일은 생각만 해도 기쁘고 평안이 있는 것이다. 성령을 좇아 산다는 것은 무엇을 의미하는가? 그것은 성령의 명령에 추종하고 복종하고 것을 의미한다. 생활의 주도권을 온전히 성령님께 맡기는 것을 의미한다. 내 뜻대로 살지 않고 주님 뜻대로 사는 생활이다. "육이 죽고 영이 살아 천국 생활이요 나는 죽고 주님 살아 최고 영광이라. 오 기쁘다 찬미하라 임마누엘 그 은혜를 주 동하면 나 동하고 주 정하면 나 정하네" 하는 생활이다. 사도 바울은 빌립보서 1장 21절에 "내게 사는 것이 그리스도니 죽는 것도 유익함이니라"하였다. 성령은 성령을 좇아 영적으로 사는 성도를 위하여 항상 강하게 성도 안에서 역사하시고 신령한 것을 부어주신다. 성령을 소멸하거나 거역하지 말라. 영을 따라 사는 생활은 성도의 매일 매일의 과제이다. 자신을 기도로써 바쳐 자기 영의 심층에서 말씀하시는 성령의 가르치심을 들어야 한다. 그리고 매일 매일 자기 영을 가다듬어 더 깊이 성령을 좇아 살라! 그리스도의 완전을 향해 자라거라(엡 4 : 15).

2. 성령 충만을 받으라

"오직 성령의 충만을 받으라"(엡 5 : 18). "저희가 다 성령의 충만함을 받고"(행 2 : 4).

영적 생활의 활성화와 영적 성장의 증진은 오직 성령의 충만에 있다. 성령 충만의 생활은 모든 영적 소원을 성취시켜 준다. 성령의 충만을 받으라!! 성령 세례와 성령 충만은 다르다. 성령 세례와 성령의 인침은 같은 것이지만 성령 충만은 다르다. 성령 세례와 성령의 인침은 하나의 요지부동의 체험으로 우리의 소관이 아니다. 그것은 하나님의 소관이요 유일회적인 육의 출생과 같은 것이다. 출생이 어머니의 소관임과 같은 것이다. 성령 세례는 오직 한 번 받는 것이요, 성령이 우리 안에 거하시는 사건이다. 그러나 성령 충만은 사람의 소관이다. 성령에 충만할 것인지는 사람의 애씀이 필요하다. 성령의 충만은 성령 강림전에도 있었고(눅 1 : 15~67, 출 31 : 1~2) 성령의 세례는 오순절 마가의 다락방에 성령 강림 이후에만 있었다. 성령 충만을 받지 않고는 성령 세례를 못 받는 것이지만 성령 충만은 성령 세례를 체험하지 않고도 받을 수 있다. 성령 세례와 달리 성령 충만은 여러 번 반복되는 것으로 끊겨졌다가도 다시 계속된다. 성령 충만은 자기도 남도 알 수 있는 아주 선명한 체험이다. 성령님께 완전히 사로 잡혀 능력으로 행하고 사는 형태이다. 충만이라는 말의 원어 헬라어(피래로우)의 뜻은 어떤 것이 마음을 가득히 사로잡는 것을 뜻한다. 성령 충만은 성령이 우리 온 전체를 사로잡는 것을 뜻한다. 그것은 가장 기쁜 일이고 놀라운 일이다! 그것이 우리와 그리스도와 같이 사는 길이니 말이다. 어떻게 충만함을 받는가?

(1) 성령이 내 안에 계심을 항상 인식해야 된다(고전 6 : 19, 고후 13 : 5).

　　자기가 성령의 전임을 알고 성령의 다스림을 받아야 한다.

(2) 성령의 교제, 교통을 간절히 바라라!

　　자기안에 계시는 성령과 깊은 교제를 나누며 그의 도우심을 바라라.

(3) 성령의 인도하심에 심령의 귀를 기울이고 순종하라!

　　성령의 깨우침과 소원을 듣고 복종하여라. 때로는 기도를, 때로는 말씀을, 때로는 전도를 하라. 고무하시고 지시하시는 성령 역사에 따라 살아라. 성령이 가르치시는 성경 말씀에 민감해야 한다.

(4) 성령을 근심시키지 말아야 한다!

　　성령을 거스리는 것은 육의 일이요 성령이 나를 다스릴 수 없게 한다.

(5) 성령을 소멸하지 말라!

　　성령 역사를 거역하지 말아야 성령 충만에 이를 수 있다. 성령 역사를 거절하거나 지연시킬 때 성령은 충만할 수 없다. 우리는 우리 "생"

전체를 마음과 뜻과 정성을 다해서 성령의 다스리심에 복종한다면 언제나 성령 충만에 거할 수 있다.

3. 성령의 상징과 영적 성장

  신령한 것은 설명하기가 쉽지 않다. 성령의 역사에 대해서도 그 범위가 넓고 신비하여 쉽게 이해하거나 설명하기가 어렵다. 이런 어려운 것을 간명하게 알리기 위하여 성경은 상징을 사용하고 있다. 보이지 않고 파악하기 어려운 성령의 다양한 역사하심의 내역들을 상징으로 나타냈다. 이 상징들을 성경적으로 고찰함으로 성령 이해와 역사하심을 바로 알아서 영적 성장에 도움을 삼고자 한다. 성령 역사를 상징적으로 나타낸 것은 상징 아니고는 설명하기 어려운 진리를 나타내기 위해서이지만 오늘날의 견해들은 성서적 명확한 진술보다는 너무나 장황한 해석들을 한다. 상징 해석은 다만 성서가 의도하는 바른 의의를 찾는 데 그쳐야 한다고 본다.

 (1) 비둘기(마 3 : 16, 막 1 : 10, 눅 3 : 22, 요 1 : 32) - 구속의 역사
    비둘기의 상징은 주님의 세례시만 사용되었다(마 3 : 16). 주님 외에 누구에게도 성령이 비둘기같이 임했다는 기록은 없다. 비둘기는 구약에서 기본적으로 합당한 제사 제물로 되어 있어, 이 상징의 뜻은 성령이 그리스도의 영이라는 의미로 봄이 마땅하다.

 (2) 바람(요 3 : 8, 행 2 : 2) - 거룩함의 역사
    성령을 바람으로 상징한 곳은 요한복음 3장 8절, 중생에 대한 말씀 중에와 사도행전 2장 2절, 성령강림 때에 나타냈다. 이 경우는 영을 살리고 영을 충만케 하시는 성령 역사를 나타냈음이 분명하다. 즉 사람의 심령에 변화를 일으키는 성령은 주권적이고도 신비로운 역사를 표현하는 데 뜻이 있다고 본다. 그래서 본 저서에는 이 성령 역사를 따라 성화를 이루어가는 생활을 기록하였다. 성령은 사람을 거룩케 하시는 거룩한 성령이시다(롬 1 : 4, 살후 2 : 13).

(3) 인(고후 1 : 22, 엡 1 : 13, 4 : 30) – 증거의 역사

신약에 세 번 성령을 구속의 인으로 상징했다. 성령께서 성도 안에 내주하셔서 성도의 구원과 보존, 유업, 영광과 축복의 보증이 되신다는 뜻이다. 인같은 성령은 성도의 믿음을 확정하는 증거의 영이시다(요 15 : 26, 히 10 : 15, 요 15 : 7).

(4) 비(욥 2 : 23, 28, 행 2 : 17, 18, 시 72 : 6) – 은혜의 역사

"반가운 빗소리 들려 산천이 춤을 추네, 봄비로 내리는 성령 내게도 주옵소서"(찬송 172장). 비같은 성령은 은혜의 성령이시다(히 10 : 29). 성도의 심령을 양육하시고 성숙케 하신다. 성도를 은혜 안에 자라게 하신다.

(5) 불(마 3 : 11, 행 2 : 3) – 능력의 역사

불같은 성령은 능력의 성령이시다. 우리는 이 능력의 역사를 힘입어 영적 생활을 강하게 할 수 있다. 권능은 주의 최후의 약속이요 성령의 최초의 예언이다(행 1 : 8, 눅 24 : 49). 권능의 사람이 되게 하시는 성령을 좇아 살자. 이 능력에 사는 자만이 모든 일이 가능하다.

(6) 기름(요 12 : 20~27, 히 1 : 9) – 지적 역사

기름 같은 성령은 진리의 영이시다. 그 기름부음이 모든 것을 가르친다. 그 가르침을 받는 성도는 영적 지식에 성장하게 된다(요 14 : 17).

(7) 물(요 4 : 14, 요 7 : 37, 38) – 생명의 역사

이는 생명의 샘물, 강물로 되었는데 영생의 능력, 그 생명의 풍성함과 축복을 뜻한다. 그 역사로 성도는 생명의 풍성을 얻는다. 성령은 생명의 성령이시다(롬 8 : 2).

4. 영적 성장의 과제

"범사에 그에게까지 자랄지라"(엡 4 : 15). "하나님을 아는 것에 자라게 하시고"(골 1 : 10). "은혜와 저를 아는 지식에서 자라가라"(벧후 3 : 18).

출생한 자가 자라는 것처럼 거듭난 자는 영적으로 자라야 한다. 순간적인 거듭남과 달리 평생 동안 영적 생활을 통하여 이루어야 할 과제가 이 영적 성장이다. 하나님은 성도가 영적으로 자라라고 명하셨다. 새 영, 영생의 영을 주시고 자라라 하신다. 산 것이 자라지 못할 때 나무나 풀같은 식물이라면 썩게 되고 동물이라면 병들고 늙어 죽는다. 마찬가지로 영이 자라지 않을 때 영이 쇠퇴해지고 병들고 시들어지고 약해지고 무력해진다. 히브리서 5장 12절에, 이런 영적으로 자라지 못하고 병든 심령에 대해서 책망하였다. "때가 오래므로 너희가 마땅히 선생이 될터인데 너희가 다시 하나님의 말씀의 초보가 무엇인지 누구에게 가르침을 받아야 할 것이니 젖이나 먹고 단단한 식물을 못 먹을 자가 되었도다. 대저 젖을 먹는 자마다 어린아이니 의의 말씀을 경험하지 못한 자요 단단한 식물은 장성한 자의 것이니 저희는 지각을 사용함으로 연단을 받아 선악을 분별하는 자들이니라"(히 5:12-13) 하였다. 사람의 육체는 시간에 따라 해가 거듭할수록 자랄 수 있는 년령까지는 자라는 것이 필연이다. 그러나 영의 성장은 그렇지 않다. 신앙 년조가 오래도 어린 심령이 있다. 그것은 영적 성장에 태만했기 때문이다. 영적 성장은 내부적 변화이기 때문에 영적 생활에 힘을 쓰지 않으면 성장을 기대할 수 없다.

영적 성장도 성장 단계가 있다. 젖먹이, 강건한 이, 장성한 자로 된다. 이제 중생한 자나 중생한 상태로 그대로 있는 아직 영이 약한 자는 영적 "젖먹이요 아이이며, 차츰 영이 자라 시험과 환난, 유혹을 이길 수 있는 성도는 영적 젊은이"요, 더 자라 영적으로 거룩해지고 성숙해져 남의 영을 돌봐주는 영은 영이 "장성한 자"라 할 수 있다. 우리의 영이 성장할 일상적 과제는 많다.

(1) 은혜 생활에 자라 가야 한다(벧후 3:18).
(2) 믿음에 자라야 한다(살후 1:3).
(3) 거룩해져야 한다(벧전 1:16, 살전 5:23-24, 고후 7:1).
(4) 영적 지식에 자라가야 한다(골 1:10, 벧후 3:18, 고전 14:20).

(5) 영력에 자라가야 한다(왕하 2 : 9, 고전 4 : 19-21, 엡 3 : 16, 6 : 10).

(6) 열매를 맺어 자라가야 한다(골 1 : 6, 히 1 : 9, 겔 41 : 12).

(7) 범사에 그리스도에게까지 자라야 한다(골 4 : 15).

성장은 그리스도와 같이 되는 데 있다. "너희 속에 착한 일을 시작하신 이가 그리스도 예수의 날까지 이루실 줄을 우리가 확신하노라"(골 1 : 6). 성 썬다싱은 그의 저서 「영계의 사시」에서 영적 성장 상태 그대로 주 재림까지 영의 세계에 존재하며, 영의 성장 정도에 따라 비슷한 영과 함께 혹은 암흑 중에 혹은 영광 중에 살게 된다고 하였다. 한 번쯤 생각해봐야 할 말이라고 생각된다.

제 2 장

은혜 안의 성장

"오직 우리 주 예수 그리스도의 은혜와 저를 아는 지식에서 자라가라" (벧후 3 : 18).

1. 은혜 받는 원리

성도는 누구나 은혜를 구하고 더 큰 은혜 가운데서 자라나고 싶어한다. 은혜는 무엇이며, 은혜 안에서 성장한다는 것은 무엇인가? 성도의 성장의 바탕이 되는 은혜 안에 성장하는 일에 대하여 알아보자. 은혜라는 말은 신약에만 152회 기록된, 성도에게 절대 없어서는 안될 귀한 하나님의 선물이다. 은혜는 인류 구원의 원리이며 모든 영적 생활의 근거로, 은혜로 구원을 받고 은혜로 자라나고 평생 살아간다. 그러면 과연 은혜란 무엇인가? 은혜란 신령한 복이다. 성도가 하나님으로부터 받는 모든 자비로우신 복의 총화가 은혜이다. 값 없이 주시는 하나님의 조건 없는 좋은 선물이다. 그러면 은혜의 영역에서 자라간다는 것은 무엇인가? 먼저 은혜는 능동적인 뜻과 수동적인 뜻이 있음을 알아야 한다. 능동적인 뜻은 은혜가 하나님에게서 내려지는 것을 말하고,

수동적인 뜻은 은혜를 사람이 믿음으로 받아들이는 것을 말한다. 은혜 가운데서 자라간다는 뜻은 수동적인 입장에서 말한 것이다. 하나님의 은혜에 대하여 전적으로 수동적이 되는 성도의 태도를 말하는 것이다. 은혜는 신앙을 통해 존재한다. 인간은 끊임없이 하나님의 은혜에 대한 제의를 받아들이는 응답을 하며 은혜에 자라가는 것이다. 우리가 얼마나 자기를 버리고 얼마나 믿음의 폭이 넓으냐에 따라 은혜도 달라져 간다. 자신에 대해 죽고 더 절실히 수동적일 때 하나님의 능동적인 은혜는 우리에게 넘쳐, 강건하고 활성적인 성향이 더욱 우리에게서 자라간다. 이것이 영적 생활의 비결이다. 아, 하나님의 은혜는 얼마나 높고 크시며 그 얼마나 넓고 깊은신가! 우리 인간의 지각이 헤아릴 수 없는 풍성한 은혜로 날마다 우리를 덮고 계심이여, 우리는 다만 충만한 기쁨 속에서 그 은혜를 누리고 있음이라! 언덕을 떠나서 창파에 배 띄워 내 주 하나님 은혜의 바다로 네 맘껏 저어 가라. 할렐루야!!

"지금은 은혜의 때요 구원의 날이로다"(고후 6:2).

2. 은혜의 실제

(1) 이른 비의 은혜

"시온의 자녀들아 너희는 너희 하나님 여호와로 인하여 기뻐하며 즐거워할지어다. 그가 너희를 인하여 비를 내리시되 이른 비를 너희에게 적당하게 주시리니…"(욜 2:23).

이른 비가 와서 땅이 녹고 논과 밭이 갈리고 씨가 뿌려진다. 비는 영적으로 은혜를 상징한다. 성령께서는 은혜의 이른 비를 내려 우리 심령을 녹이고 죽음의 잠에서 일깨워 주신다. 우리의 마음 밭을 갈아 엎어 주시고 말씀의 씨를 뿌려주신다. 이른 비의 은혜는 먼저 회개의 은혜를 상징한다. 우리가 우리의 생활 가운데 은혜를 누리려면 죄를 버려야 한다. 우리 자신을 비우기 전에는 하나님의 은혜가 우리 안에 담길 수 없다. 하나님은 우리의 죄를 탓하심이 아니라 원만한 관계로써 우리가 더 많은 은혜를 누리기를 바라시는 아버지이시다. "만일 우리가 우리 죄를 자백하면 저는 미쁘시고 의로우사 우리 죄를 사하시며 모든 불의에서 우리를 깨끗하게 하실 것이요"(요1 1 : 9)라 하셨다. 자백은 불가피하다. 죄가 있으면 관계가 파괴된다. 하나님 편보다는 죄를 범한 인간 편이 그 파괴된 관계로 마음이 어둡고 하나님의 것을 받아들일 수 없고 스스로 좋은 모든 것을 잃게 된다. 하나님과 인간 사이의 관계는 구속적인 경험에 의하여 밀착되지 않으면 은혜로 충만한 관계가 유지될 수 없다. 하나님은 죄인에게도 은혜를 주시지만 회개 않는 죄인에게는 은혜를 주실 수 없는 분이시다. 죄 많은 곳에 은혜가 많은 것같이, 죄 많은 곳에 회개가 많아야 은혜도 많을 수 있다. 은혜의 영을 받고 회개의 은혜를 받아 은혜에 싹트는 자가 되라.

◎ 회개에 대하여

(1) 회개란 무엇인가?

　　　원어의 뜻 - 나캄(히브리어) : 후회함, 뉘우침, 돌아옴
　　　　　　　수브(히브리어) : 돌아옴
　　　　　　　메타노이아(헬라어) : 돌아섬, 변화됨
　　　　　　　에피스토로페이(헬라어) : 돌아오다, 회심하다
　　　　　　　메타멜로마이(헬라어) : 뉘우치다, 마음 바꾸다

죄를 뉘우치고 하나님께 돌아와 자백하고 바로 살기를 결심하는 것이다.

(2) 회개의 방법

① 죄를 깨달으라(눅 15 : 17).

　　　죽은 자가 의식이 없듯이 심령이 죽은 자는 죄를 깨닫지 못한다. 성령께서는 은혜를 베풀어 죄를 보여주신다. 이사야도 성상 앞에 자기를 비추고 자기 죄상을 볼 수 있었다. 율법의 의로는 흠이 없다던 바울도 자기는 죄인 중에 괴수라 하였다.

② 죄를 자백하라(요1 1 : 9).

죄는 숨겨두면 살아난다. 자백 없는 회개는 몸 안에 총알을 두고, 부상당한 상처를 치료만 하고 꿰메는 것과 같다. 두고 두고 고통을 당한다. 죄를 감추는 자는 번영이 없고 기도가 응답 안되고 불안하다. 자백은 분별이 있게 해야 시험에 들지 아니한다.

③ 죄를 통회하라(시 51 : 17).

통회는 죄를 마음에서 스스로 청산하는 하나의 방법이다. 죄가 미운 사람은 누구든 죄를 아파하고 통회하지 않을 수 없다. 죄를 통분히 여기고 칼로 가슴을 도려내듯 통회하는 아픔이 있어야겠다. 진정한 통회 없이는 환경이 바뀌면 다시 옛 생활로 돌아가기 쉽다.

④ 죄를 청산하라(마 3 : 8, 행 26 : 20).

마음에서 행동으로, 또한 물질적인 것은 물질로 갚고, 용서할 것은 용서하고, 용서를 빌 것은 빌고, 부정한 것은 돌려 보내고, 부정한 관계는 끊고, 나쁜 습관은 고치고, 불의한 직업, 불의한 생활도 청산해야 한다. 그러나 더 중요한 것은 새 생활을 하는 것이다. 거짓말하는 자는 참말을, 도적질하던 자는 구제를, 악을 행하던 자는 선을, 미워하던 자는 사랑을, 자기 위해 살던 사람은 하나님을 위해 복된 생활을 살아가도록 힘써야 한다.

가롯 유다는 후회로 끝내 망하고, 베드로는 회개하여 위대한 사도가 되었다.

(2) 단비의 은혜

"나의 교훈은 내리는 비요 나의 말은 맺히는 이슬이요 연한 풀 위에 가는 비요 채소 위에 단비로다"(신 32 : 2). "단비로 부드럽게 하시고 그 싹에 복 주시나이다"(시 65 : 10).

하나님의 교훈을 비라 하였다. 하나님의 은혜는 말씀을 통하여 우리 심령에 단비로 임한다. 그 은혜는 우리 심령에 내리고 맺혀 이슬비, 가는비, 단비가 되어 우리 심령을 촉촉히 적셔주고 윤택하게 하고 성장시켜 준다. 말씀을 통하여 은혜를 주시니 하나님의 말씀은 단비라 하였다. 사람이 은혜 받는 길이 여러 길이 있지만 가장 바르고 큰 길은 말씀을 통하여 받는 길이다. 비록 교리적으로나 신학적으로 모른다 해도 은혜받는 데는 문제가 안된다. 비록 조직으로나 말로 표현 못한다 해도 은혜받는 데는 문제가 안된다. 말씀을 마음으로 받고, 입으로 시인하여 은혜를 받고, 말씀을 믿음으로 듣고 믿음으로 아멘 하여 큰 은혜를 받는다. 성경은 영혼의 빛이요, 영혼의 샘물이요, 영혼의 살이요, 피요, 뼈요, 음료요, 생명의 물결이요, 은혜의 바다이다. 읽을수록 새롭고 마실수록 시원한 생수이다. 성경은 은혜의 보고이다. 우리는 거기서 피로 쓴 하나님의 사랑의 연서를 읽고 울며, 거기서 피로 찍은 소망의 약속장을 보며 춤춘다. 은혜의 단비로 심령이 살찌고 새로와진다.

(3) 장마비 같은 은혜

"내가 그들에게 복을 내리며 내 산 사면 모든 곳도 복되게 여겨 때를 따라 비를 내리되 복된 장마비를 내리리라"(겔 34 : 26).

장마비는 쉽게 개이지 않는다. 3일이나 4일, 심지어 10일씩이나 비가 내리는 때도 있다. 장마비가 내리는 중에는 그 비가 좋은 것인줄 모른다. 오히려 진절머리가 나고 몸이 쑤시고 아프기도 하고 곡식도 누렇게 뜨는 수가 있다. 그래도 여름이면 장마비가 와야 하는 것은 곡식의 성장을 위해서이다. 비가 올 때는 몰라도 비가 개이고 햇볕이 쨍쨍 내려 쪼이면 곡식이 하루가 다르게 쭉쭉 자라난다. 장마비는 은혜 충만을 상징한다. 은혜 충만을 받으라, 기도하라, 간구하라, 그리고 은혜를 받으라! 부르짖으라! 그리고 주를 만나 은혜를 받고 하늘 문을 두드리라! 은혜의 보고가 쏟아져 은혜 충만을 받으리라! 기도는 은혜의 선구자다. 은혜는 다 기도로 얻어진 것을 성경과 역사가 말한다. 과연 우리를 위해 하늘에 간직한 은혜는 한 없는데 왜 인생의 영적 생애는 고갈에서 허덕이고 있는가? 영들이 왜 굶주려 죽어 가고 있는가? 하나님께 간구하여 은혜를 충만히 받자. 모든 신령한 온갖 덕이 이 은혜에서 주어지는 것이다.

그것은 1974년에 일어난 일이었다. 나는 금산 중앙교회에서 교회 건축을 목표로, 목회를 하면서 운수업을 하고 있었다. 그러나 돈에 너무 빠지고 목회를 등한히 하니까 하나님은 나의 사업을 뒤집어 엎으셨다. 대 교통 사고가 난 것이다. 트럭을 탔던 6명이 허리 등을 크게 다쳤다. 그것을 수습하다 보니 빈털털이가 되어 앞이 캄캄하였다. 그 때 그 고통을 이기고 믿음을 재정비하고자 기도원에 들어가 사생결단 하고 금식기도를 4일간 했는데 4일이 끝나는 새벽 나는 정신을 잃었다. 그것이 소위 입신 경지였다. 나는 에스겔이 본 것과 똑같은, 마른 뼈들이 살아나는 에스겔서 37장 환상을 보았다. 원래 산 속에서 기도했는데 내가 본 것은 넓은 황야였다. 수많은 사람들이 죽어 뼈만 남아 딩굴어져 있었다. 그리고 하나님이 아니라 예수님이 내게 명하셨다. 이 마른 뼈들을 향해 대언하라는 것이었다. 말씀대로 순종하니 놀랍게도 뼈들이 살아나 큰 군대가 되어 군호를 부르며 걸어가고 있었다. 나는 주님께 이것을 무엇 때문에 내게 보여 주시느냐고 물었다. "이 죽은 뼈는 농어촌의 심령을 가리킨다. 네가 나가서 저들에게 내 말을 대언하라 반드시 살아나리라"는 것이었다. 한없이 울었다. 그 날 이후 나는 부흥사가 되었다. 감당할 수 없는 은혜가 나를 휘감고 복음을 전하지 않으면 못견디게 되었다. 능력이 나를 앉아 있지 못하게 했다. 억누를 수 없는 기쁨과 평안이 나를 하늘을 날아 다니는 것같이 즐겁게 했다. 누가 이 기쁨을 알랴! 누가 이 황홀함을 알랴! 누가 이 충만함을 알랴! 그 날 그 충만함이 나의 일생을 힘차게 밀고 가는 능력이 되었다. 깊도다, 하나님의 은혜의 비밀이여!!

(4) 소낙비 은혜

"번개를 내는 여호와께 비를 구하라 우리에게 소낙비를 내려서 밭의 채소를 각 사람에게 주리라"(슥 10:1).

가뭄이 들면 곡식이 못 산다. 메말라 못 견디지만 또한 진드기가 끼고 벌레가 득실거리고 먼지가 덮이어 살 수 없다. 이럴 때 제일 기다려지는 것이 무엇인가? 그것은 소낙비이다. 하늘에 갑자기 먹구름이 끼고, 쏟아지는 소낙비의 빗줄기는 말 그대로 희소식이다. 소낙비에 곡식은 먼지를 씻고 벌레를 쫓고 진드기를 떼고 해갈하여 생기를 찾는다. 성도도 때로는 살다보면 저도 모르게 세속화되가고 있는 것을 알고 소스라쳐 놀랄 때도 있다. 시험, 환난, 핍박과 유혹, 질병과 가난 속에서 있어서는 안될 근심, 불안, 죄악이 심령을 괴롭힌다. 이럴 때 기다려지는 것은 은혜의 소낙비다. "빈들에 마른 풀같이 시들은 나의 영혼, 주님의 허락한 성령 간절히 기다리네. 가물어 메마른 땅에 단비를 내리시듯 성령의 단비를 내려 새 생명 주옵소서." 은혜의 소낙비가 부어질 때 근심도, 의심도, 불안 고통도 사라지고 심령이 다시 생기를 찾게 될 것이다. 소낙비가 먼지, 진드기, 벌레를 제거하듯 때로는 강한 은혜를 받아 자신을 정결케 해야 한다.

(5) 늦은비 은혜

"농부가 땅에서 나는 귀한 열매를 바라고 길이 참아…… 늦은 비를 기다리나니…"(약 5:7).

늦은 비는 결실 비이다. 열매를 알차게 하는 비이다. 늦은 비의 은혜는 은혜로써 은혜의 열매를 맺게 한다. 그것은 말이나 행동으로 하나님의 은혜를 다른 사람과 나누는 일이다. 은혜가 우리 안에서 무르익으면 은혜는 우리 이웃에 나타나고 주어진다. 은혜는 우리 말에 나타나고 행동에 나타나고 얼굴에 나타나고 생활에 나타난다. 교회 생활에도, 사회 생활에도 나타나고 어떠한 정황 속에서도, 어떤 관계 속에서도 나타나야 할 것이다. 은혜에 대한 의무를 모르는 사람은 가장 부실한 사람이다. 우리가 하나님의 은혜를 그토록 받았으니 또한 우리도 은혜를 나타내고 다른 사람과 나눌 의무가 있지 않을까! 성령은 우리에게 늦은 비의 은혜를 내려 은혜가 결실케 되기를 바라신다. 우리는 우리 친구에게도 은혜를 내려야 하지만 우리의 원수에게도 은혜를 나타내야 할 것이다. 죄를 용서해 줌으로써, 뜨거운 사랑을 베풀어야 할 것이다. 은혜가 생활에 나타나고 원수에게도 은혜를 베풀 줄 알면 이제 그 사람은 은혜 가운데서 성숙한 사람이라 할 수 있다. "오직 너희는 믿음과 말과 지식과 모든 간절함과 우리를 사랑하는 이 모든 일에 풍성한 것같이 이 은혜에도 풍성하게 할지니라"(고후 8 : 7).

성 화

"순종하는 자식처럼 이전 알지 못할 때에 좇던 너희 사욕을 본 삼지 말고 오직 너희를 부르신 거룩한 자처럼 너희도 모든 행실에 거룩한 자가 되라 기록하였으되 내가 거룩하니 너희도 거룩할지어다 하셨느니라"(벧전 1 : 14 - 18). "하나님의 뜻은 이것이니 너희의 거룩함이니라"(살전 4 : 3). "곧 창세 전에 그리스도 안에서 우리를 택하사 우리를 사랑 안에서 그 앞에 거룩하고 흠이 없게 하시려고"(엡 1 : 4).

1. 성화의 원리

내가 거룩하니 너희도 거룩하라 이 얼마나 엄숙한 하나님의 명령인가! 성도는 성령의 역사하심을 따라 성화를 이룩할 의무가 있다. 성화는 하나님께서 우리를 택하시고 부르신 목적이요, 구원의 목적이며, 하나님께서 우리 성도를 두고 소원하시는 뜻이며 바라시는 삶이라는 것임을 성도라면 누구나 명심해야 된다. 이것은 하나님 말씀에 주어진 하나님의 지상 명령이다. 그런데 실은 어떤가? 너무도 무관심한 것이 이 성화이고 성도가 너무도 모르는 것이 이 성화이다. 그저 교회만 다니는 것으로 만족하는 성도가 그 얼마나 많은가? 성화에 관심을 갖자.

"거룩함을 좇으라 이것이 없이는 아무도 주를 보지 못하리라"(히 12 : 14). 그러면 성화를 어떻게 이뤄가는가? 성화는 성령의 주권적인 역사의 수동적인 응답으로 이뤄진다. 성화는 하나님께서 성도의 부르심에 거룩함을 나타내심으로 시작된다. 그리고 성령의 다스림과 능력에 의하여 이루어간다. 성령은 거룩한 영이시고 거룩한 생명이시고 거룩한 원리며 본질이며 능력이 되사 사람의 영의 깊은 심층에서 잠재 의식을 통하여 거룩함을 이루어 가신다. 그러나 동시에 사람의 응답으로서의 거룩함을 나타내는 일이 있어야 성화는 이루어지는 것이다. 하나님은 우리를 격려하여 "자신을 깨끗이 하라, 너희는 거룩케 하라, 두렵고 떨림으로 구원을 이루라"하신다. 그것은 믿음으로 이뤄야 될 성도의 의무인 것이다. 그러므로 성화는 하나님의 은혜인 동시에 성도의 의무인 것이다. 성화는 성령의 주권적인 역사 없이는 실패한다. 사람이 무슨 노력을 하여도 성령의 능력이 아니고는 성공할 수 없다. 마찬가지로 사람이 성화를 성취하고자 하는 책임 완수가 없이도 거룩함은 이뤄질 수 없다. 이 둘이 결합하여 성화는 성공하게 된다. 오늘날 얼마나 많은 이 성도가 이 거룩함을 모르기 때문에 약함에서 흔들리고 어둠에서 방황하며 받을 은혜를 못받고, 제자리 걸음의 신앙생활만 하고 있는 것인가? 성도가 하나님의 부르심의 응답 속에 거룩함을 나타내지 않을 때 성도의 어떤 행동도 하나님께 영광이 될 수 없다. 신앙생활의 기본이 이 거룩함임을 알아야 한다. 물론 우리의 거룩함이 하나님의 거룩함에 비길 수는 없다. 그러나 햇빛도 빛이지만 그 빛을 받아 전하는 달빛도 빛이며 작은 촛불도 빛임에는 틀림없다. 하나님께서 우리에게 주신 거룩함에 대해서 거룩함으로 아멘! 응답하여 성화를 이뤄 하나님께 영광 돌리라! "하나님의 뜻은 이것이니 너희의 거룩함이니라"(살전 4 : 3).

2. 성화의 실제

(1) 성화의 은혜 수단 '기도'

요한복음 17장 17절에 "저희를 진리로 거룩하게 하옵소서 아버지의 말씀은 진리니이다." 주님은 우리의 성화를 위해 기도하셨다. 우리는 이 주님의 기도에 귀를 기울여야 한다. 그 주님의 기도에 우리의 기도를 합류해야 한다. "아버지여 진리로 나를 거룩하게 하옵소서" 하라. 우리는 주님의 기도와 아울러 우리를 위해 탄식하시는 성령의 기도를 듣게 될 것이다. 거룩한 생활 속으로 깊이 들어갈 수 있는 것은 하나님과의 교제에 달려 있다. 우리는 기도로 오직 거룩하신 하나님을 바라보면서 깊이 그 분과 교제를 갖자. 오직 우리의 죄를 소멸하시고 날마다 새롭게 하시는 우리의 아버지에게 기도로 우리의 모든 것을 맡기자. 거룩함은 하나님의 영광이다. 그것은 하나님의 축복이다. 하나님과 하나가 되는 길(요 17 : 21-23)은 하나님의 뜻과 성품을 소유하여 하나님과 같이 거룩하게 되어지는 길이다. 그리고 기도가 성화에 절대적인 것은 또 다른 면이 있다. 그것은 선한 싸움에 관해서이다. 우리가 거룩하게 살고자 하는 것은 필연적으로 도전을 받는다. 성경은 우리가 어떤 식으로 싸워야 하며 어떻게 그 싸움을 이길 수 있는가를 가르쳐 주고 있다. "항상 기도하라, 성령으로 기도하라, 성령 안에서 기도하라, 살아 있는 기도를 하라, 뜨거운 기도를 하라, 그러면 영적 싸움에서 원수를 이기고도 남을 것이다!"라고 가르치고 있다.

(2) 성화의 은혜 수단 '헌신'

"너희 몸이 하나님이 기뻐하시는 거룩한 산 제사로 드리라 이는 너희의 드릴 영적 예배니라"(롬 12 : 1). "예수 그리스도로 말미암아 하나님이 기뻐 받으실 신령한 제사를 드릴 거룩한 제사장이 될지니라"(벧전 2 : 5). 성화는 성별에서 시작되고 이 세상 것에서 구별되어 하나님의 일에 쓰임에서 거룩한 자가 된다. 날이 하나님의 일에 사용될 때 거룩한 날이요, 집이 하나님의 일에 쓰일 때 성전이요, 물건이 하나님의 일에 쓰일 때 성물이다. 마찬가지로 사람이 하나님의 일에 쓰일 때 성도가 된다. 하나님의 일에 전념한 사람을 성자라고 한다. 거룩한 천사, 거룩한 사도, 거룩한 성경, 모두가 하나님을 섬기기에 거룩하다. 그것은 하나님이 쓰심에서 거룩한 것이다. 그렇다! 참으로 거룩한 자는 하나님께 삶을 바친 사람이다. 거룩함이 섬김의 필수 요건도 되지만 섬김도 마찬가지, 참 거룩함의 필수 요건이 된다. 그리스도께서 우리의 거룩함을 위해 당신을 거룩하게 하신 것처럼(요 17 : 19) 우리도 거룩하지 못한 자들을 거룩하게 될 수 있도록 하기 위해 우리를 희생하여 거룩하게 해야 된다. 우리의 모든 삶이 하나님께 쓰임과 섬김을 위해 바쳐질 때 하나님의 거룩하심이 우리에게 임하는 것을 깨닫게 된다. 우리의 삶이 헌신으로 인하여 그리스도의 삶 속에 감추어지고, 우리의 삶은 간 곳 없고 오직 거룩한 그리스도의 삶만 찬란히 빛나게 하자! 거기에 참으로 거룩함이 있다.

(3) 성화의 은혜 수단 '말씀 순종'

"너희가 내 말을 잘 듣고 내 언약을 지키면 너희는 열국 중에서 내 소거룩하게 하옵소서 아버지의 말씀은 진리니이다"(요 17 : 17). 하나님은 그 말씀 안에 있는 진리로 사람을 거룩하게 하신다. 우리가 그 진리에 순종하게 될 때 우리는 하나님의 거룩하심과 접촉하게 된다. 하나님은 그의 말씀으로 그 마음을 보이시고 뜻을 전하시고 그 모든 목적과 사랑을 주시며 거룩하심을 나타내신다. 우리 성도는 그 말씀을 사모하며 그 말씀에 굴복함으로 그 사랑과 성화를 얻게 되는 것이다. 순종은 하나님의 거룩함 속에 들어가는 문이다. 인간이 하나님의 뜻에 순종할 때 그는 하나님의 뜻과 연합되고 거룩한 하나님의 뜻이 그를 통해 이루어진다. 순종은 행하는 것이다. 하나님의 뜻대로 사는 것이다. "너희는 나의 계명을 지키며 행하라 나는 여호와니라…… 거룩함을 받을 것이니라 나는 너희를 거룩하게 하는 여호와요"(레 22 : 31-32). "너희가 나의 모든 계명을 기억하고 준행하여 너희의 하나님 앞에 거룩하리라"(민 15 : 40). 순종, 그것이 자기의 뜻을 버리게 한다. 순종, 그것이 하나님의 뜻을 이루게 한다. 하나님 뜻은 거룩하다. 하나님의 말씀은 거룩하다. 그 뜻, 그 말씀을 순종함으로 하나님의 거룩함을 받는다. 순종 그것이 하나님의 사랑, 하나님의 형상, 하나님의 영광과 교제하게 하고 강한 능력으로 우리를 거룩한 옷으로 옷입혀 준다. 하나님 말씀에 순종은 살아계신 하나님과 연결되는 고리이며 하나님의 거룩함을 옮겨 받는 거룩한 길이다.

(4) 성화의 은혜 수단 '믿음'

"나를 믿어 거룩케 된 무리 가운데서 기업을"(행 26 : 18). 성화를 명하시는 주님 명령에의 응답은 먼저 믿음으로 나타나야 한다. 나를 믿어 거룩케 된 무리라 하였다. 그렇다. "나를 믿어"이다. 우리가 그리스도를 믿을 때 거룩함의 씨는 우리 안에 심어지고, 계속 믿음을 가져 성화를 이루어 간다. 우리 믿음의 정도에 따라 우리 안에서 역사하시는 거룩한 삶의 능력이 우리 생활 가운데 적용되고 역사하게 된다. 거룩함은 우리가 행하거나 성취하는 것이 아니요, 그것은 그리스도의 삶을 옮겨 받는 것이고 성령의 성품을 가지는 것이며, 하나님의 거룩한 능력이 임하는 것이라 생각할 때 더욱 그렇다. 그런 고로 우리가 믿음으로 그를 소유하고 더욱 충만히 소유함으로 거룩함에 충만하여 간다. 우리가 어느 정도 내재하는 성령을 소유하고 있느냐에 따라 거룩함이 좌우된다. 우리가 그의 거룩함을 이루고자 하는 만큼 성령 충만도를 이룰 수 있다. 성령 충만과 거룩 충만은 상통하는 것이다. 믿음으로 하나님의 역사하심에 의지하며 성령을 통해 주 안에 드러난 하나님의 능력에 자기 자신을 굴복시켜야 한다. 믿음은 하나님께서 자기 안에 역사하시도록 하는 것이다. 자신을 버리고 역사하시는 주를 의지한다면 주는 미쁘사 자신을 온전히 주실 것이다. 그리고 우리의 믿음은 성화의 능력이 되고 하나님의 뜻대로 사는 능력이 될 것이다. 우리는 예수님을 닮아 거룩하게 될 것이다. 우리는 우리를 거룩하게 하시는 주 안에 있으면 그는 우리의 거룩함이 되실 것이다.

제 4 장

영적 지식의 성장

"하나님을 아는 지식에 자라게 하시고"(골 1:10). "또한 모든 것을 해로 여김은 내 주 그리스도 예수를 아는 지식이 가장 고상함을 인함이라"(빌 3:8). "오직 우리 주 곧 구주 예수 그리스도의 은혜와 저를 아는 지식에서 자라가라"(벧후 3:18).

1. 지식 성장의 원리

사람은 누구나 지식에 대한 근본적인 갈망을 지니고 있다. 지식이 없으면 어둡고 어리석게 살게 마련이다. 영적인 면에도 마찬가지이다. 호세아 4장 6절 "이스라엘 민족이 하나님을 아는 지식이 없음으로 망하는도다"라고 하였다. 그리스도인은 하나님에 대해 깊이 알고 그리스도에 대해 성경과 영에 대해서도 깊이 알아야 한다. 그 아는 것이 영생의 근거가 되고 신령한 복의 근원이 되기 때문이다(벧후 1:3). 어떻게 성도가 이 영적 지식면에 성장해 가는가? 이제 실체적인 면 몇가지를 생각하자. 어떻게 영적 지식을 얻는가? 참 지식의 비결은 성령의 이중 역사에 있다. 그것은 성경을 하나님의 음성으로 계시해 주시는 성령 역사와 사람이 그 지식을 받도록 사람의 마음을 열어주시는 성령의 역사하심이다. 그것은 마치 사람이 무엇을 보기 위해서는 빛이 있어야 하고 자기의 시각이 좋아야 하는 것과 같다. 빛이 없어도 못보고, 빛이 있어도 시각이 없으면 볼 수가 없는 것이다. 성령은 영적 지식의 빛을 주고 또한 눈을 볼 수 있게 열어주시는 분이시다. 성경은 모든 지식의 근원이다. 절대적 확실성을 가지고 항상 영적 지식을 가르쳐 주는 하나님의 음성이다. 우리는 하나님의 말씀의 메시지를 직접 듣기 원한다면 성경으로 가서 언제든지 들을 수 있다. 그러나 성경을 하나님의 음성으로 듣도록 마음을 열어주시는 성령 역사에 의해서만이 가능하다. 성령은 사람에게 오류 없는 성경도 주시고, 또 하나님 음성을 들을 수 있는 영도 열어 주신다. 시편 기자는 "내 눈을 열어서 주의 법의 기이한 것을 보게 하소서"라고 하였다. 바울은 에베소 교인들을 위하여 영안을 열어주사 신령한 것을 알게 하시기를 기도했다(엡 1:17-19). 신령한 것으로만 분별한다고 하였다(고전 2:13). "너희는 거룩한 자에게 기름 부음을 받고 모든 것을 아느니라"(요 12:20). "너희는 주께 받은 바 기름 부음이 너희 안에 거하나니, 아무도 가르칠 필요가 없고 오직 그의 기름부음이 모든 것을 너희에게 가르치며, 또 참되고 거짓이 없나니 너희를 가르친 그대로 주 안에 거하라"(요 12:27) 하였다. 이 모든 말씀이 무엇인가? 성령의 조명을 가르침이 아니고 무엇인가! 성령이 사람의 영안을 열어 신령한 것을 가르쳐 주신다. 기름 부음의 헬라어는 '카리스마'인데 기름을 바른다, 적용시킨다는 뜻으로 성령께서 우리 안에 내재하셔서 어떻게 가르치는가를 보여주는 말씀이다. 성령께서 조용하고 잔잔한 가운데 우리 영에 기름부어 말씀을 적용시켜서 계시함을 말함이다. 성령은 우리 영의 심층에 조명하시고 영을 열어 지식을 주고 가르치며 인도하시며 증거하시고 신령한 것을 알게 하신다. 더우기 죄가 진리를 가로막는 사람에게는 성령의 개안이 절실하다. 오직 진리의 계시와 영감과 그 해석은 성령의 주도적인 역사에 귀를 기울일 때만이 절대 가능하다. 보혜사 성령의 도움을 받아 기도함으로 더 깊은 진리에로 성장해 간다.

2. 지식 성장의 실제

(1) 하나님을 아는 것에 자람

"하나님을 아는 것에 자라게 하시고"(골 1 : 10). 탐구에 의해 하나님을 알 수가 없는 것이다. 하나님은 어떤 분이신가에 대해 사람에게 설명할 수 있는 분은 오직 하나님의 영이신 성령 외에 아무도 없다. 성령이 지혜와 계시의 영을 주사 하나님을 알게 하신다(엡 1 : 17). 사람의 사정도 사람 속에 있는 사람의 영 외에 알 수 없듯이 하나님의 속에 깊은 사정도 하나님의 영 외에 알 분이 없다. 성령만이 우리를 하나님께 대한 깊은 지식으로 인도하신다(고전 2 : 11). 하나님의 깊은 뜻은 물론 그의 본성, 속성, 그 은총, 그 섭리 등에 이르기까지 성령의 도우심이 없이 우리가 알 수 있다는 것은 절대 불가능한 것이다. 오직 성령님만이 모든 것 곧 하나님의 깊은 것이라도 통달하시는 분이시다(고전 12 : 10). 그러므로 성도는 항상 성령의 인도를 받아 하나님을 아는 데 더 깊은 지식을 쌓아 가야 하는 것이다. 하나님을 아는 것은 명철이요(잠 9 : 10), 하나님을 아는 것은 그의 인자를 받는 길이요(시 36 : 10), 하나님을 아는 것은 은혜의 평강의 길이요(벧후 1 : 2), 하나님을 아는 것은 영적 능력과 경건에 속한 모든 것을 얻는 길이요(벧후 1 : 3), 하나님을 아는 것은 영생이다(요 17 : 3). 하나님은 인애를 원하고 제사를 원치 아니하며, 번제보다 하나님을 아는 것을 원하신다(호 6 : 6). 성령과 깊은 교제로 우리 성도는 더 깊은 자기 영의 밀실에서 자기의 이성이나 감정이나 의지 이상의 초월적인 영적 직관을 통해 하나님에 대한 더 깊은 지식을 얻어 하나님을 아는 것에 자라가야 한다. 성도는 누구나가 다 자기 영에 하나님에 대한 확고한 계시를 가지고 있어야 하고 그것에 자라가야 한다.

(2) 그리스도를 아는 지식에 자람

성령은 그리스도에게 영광을 돌리기 위해 주께서 하나님께로서 보낸 그리스도의 영이다. 성령은 그리스도를 계시해 주시는 영이시다. 성령은 그리스도를 증거하시는 분이시다. 누구도 성령의 밝은 계시 없이는 예수를 바로 알 수 없다. 인간이 그리스도를 자기의 지식으로 알고자 한다는 그것은 미련한 짓이다. 그리스도는 인간의 지식이 미칠 수 없는 높은 차원의 분이시기 때문이다. 그리스도의 깊이는 깊이를 넘어서고 그리스도의 높이는 높이를 넘어서 하나님의 영광에 도달하고 있기 때문이다. 그 은혜도, 그 사랑도, 그 영광과 함께 끝이 없으신 분이시다. 그러므로 바울은 이 그리스도를 아는 지식이 고상하여 전에 귀하게 여기던 모든 것을 해로 여기고 오직 이 지식을 알기 위해 전 생애를 바쳤다 하였다. 오직 그리스도는 성령에게 계몽되어 영의 빛으로 비침을 받은 자만이 바로 알고 예수를 주라 할 수 있다. 시몬 베드로가 예수님을 가리켜 "주는 그리스도시요 살아계신 하나님의 아들이시니이다" 할 때, 주님은 말씀하셨다. "이를 네게 알게 한 이는 혈육이 아니요 하늘에 계신 내 아버지시니라"(마 16 : 16-17).

　예수의 나심과 생애와 죽음과 부활을 역사적으로 잘 알고 또 설명을 할 수 있다고 해도 그가 참으로 그리스도를 바로 안 사람이라 할 수 없다. 바로 안 사람이 아니다. 그리스도는 인간의 지식 안에 계시지 않으신다. 성령은 사람의 마음 속에 계셔 그리스도를 설명하신다. 사람에게 그리스도를 만나게 하고, 그리스도와 하나 되게 한다. 그리스도의 마음을 알게 하고, 그리스도의 모든 것을 설명해 주신다. 예수를 아는 것은 가장 고상한 최고의 것이다. 예수를 아는 것은 곧 영생이다(요 17 : 3). 참 생명이다! 예수를 아는 것은 모든 것을 팔고서 사도 좋은 값비싼 진주 보화와 같다. 예수를 아는 지식에 비기면 이 세상 지식은 쓰레기요, 배설물 같은 것이다. 예수를 아는 것으로 영생과 천국을 살 수 있으니 이 이상 값있는 것이 어디 있으랴? 예수를 아는 것은 최대의 재산이다. 그러므로 예수를 알고 주님이 우리를 알아 주신다면 세상의 어떤 고난도 모욕도 달게 받고 견디어 낼 수 있는 것이다. 예수를 들은 풍월로 알아서는 안된다. 참으로 성령을 통해 체험으로 친밀히 알 때 나와 세상은 간 곳 없고 구속한 주만 보이고 하늘 영광이 차고 넘치리라! 그리스도를 아는 지식에 날로 자라가라. 아멘!!

(3) 자기를 아는 지식에 대하여

철학자 탈레스는 한 사람에게 질문을 받았다. "이 세상에서 가장 어려운 것이 무엇입니까?" 탈레스는 대답하였다 "이 세상에서 가장 어려운 것이 자기를 아는 일이며, 가장 쉬운 일은 남을 악하게 판단하는 것이다"라 하였다. 소크라테스도 모든 지식의 근원은 자신을 아는 일이라 하였다. "인간이 가장 불완전한 것은 자기 자신을 꿰뚫어 보는 눈이다. 남은 잘 보지만 자신에 대해서는 그의 소경이다"라고 한탄하였다. 나는 믿기 전에 나를 몰랐다. 아니 알려고도 아니했다. 설사 알려고 했다 해도 알 수도 없었을 것이다. 그러나 나는 믿은 후에 내가 나를 볼 수 있었다. 그것은 그리스도를 알고서 그리스도를 통하여 내 자신이 바로 비춰 왔기 때문이다. 그 때 내가 안 것은 내가 죄인이라는 것과 그리고 내가 하나님의 자녀라는 것이었다. 그 후 나는 차차 나 자신을 더 깊이 알 수 있게 되었다. 그리스도는 하나님을 나타내 보이시는 분이시지만 인간 자신을 바로 보게 하시는 분이기도 하시다. 그리스도를 통해 인간은 그 자신을 깊이 보고 그 자신의 의미를 알고 자신의 목적을 알고 자신의 치욕과 영광을 알게 된다. 자신을 남이 가르쳐 줄 수 없다. 자기를 아는 길은 자신이 그리스도를 통하여 성령의 도우심으로 알 수 있고 성경을 통하여 성령의 비췸을 얻어 알 수 있다.

"자기의 마음을 다스리는 자는 성을 빼앗는 자보다 나으리라"(잠 16 : 32).

(4) 성경 진리를 아는 지식에 자람

"먼저 알 것은 경의 모든 예언은 사사로이 풀 것이 아니니 예언은 언제든지 사람의 뜻으로 낸 것이 아니요 오직 성령의 감동하심을 입은 사람이 하나님께 받아 말한 것임이니라"(벧후 1 : 20-21). 성서는 성령을 통하여 주어진 하나님의 계시의 기록이다. 성경에는 여러가지 형태의 기록들로 채워져 있다. 율법, 역사, 시, 예언, 편지 등. 그러나 그 모든 것이 다 하나님의 계시의 기초 위에 말씀해진 것이 틀림없다. 그들은 자기가 받은 하나님의 말씀을 신앙과 행위와의 신적 법칙으로 모든 사람을 위해 기록하였다. 그러므로 성경은 신적 특질과 궁극적인 권위를 지니고 있음을 의심할 여지가 없다. 성경은 살아있는 하나님의 말씀이다. 성도는 끊임없이 성경을 읽고 연구해야 그 영이 강건해진다. 자기 영을 자기가 양육하는 일은 가장 즐거운 일이다. 성경연구 방법은 다양하다.
- 장별 연구(1장씩 연구)
- 제목별 연구(회개, 속죄, 중생, 부활, 재림, 천국 등)
- 어구 연구(복, 믿음, 사랑, 짐승, 보석 등)
- 교리적 연구(신관, 구원관, 교회관 등)
- 각서별 연구, 인물 연구 등

연구에 중요한 일은 성령의 도우심을 받는 일이다. 성경의 저서는 성령이시고 그 말씀을 설명하시고 가르치는 분도 성령이심을 기억해야 된다. 그러므로 성경은 기도하면서 읽고, 명상하면서 읽고, 믿음으로 읽고, 순종하고 행할 자세로 읽어야 한다. 오직 거듭난 성도가 경건한 마음으로 성령의 인도를 받을 때 성경에서 하나님의 음성을 들을 수 있고 참 진리를 믿을 수 있다. 성령은 성도를 모든 진리로 인도하시고 그 진리를 통하여 크게 역사하시는 분이시다. 진리의 성령 없이는 하나님의 말씀, 성경은 죽은 글에 지나지 않는다. 말씀을 살아 움직이게 하고 반영하고 설명하고 능하게 하시는 분은 진리의 성령이시다. 진리의 성령의 인도하심을 받아 진리에 충만하라!

(5) 신령한 것을 아는 지식에 자람

"형제들아 신령한 것에 대하여는 내가 너희의 알지 못하기를 원치 아니하노니…"(고전 12 : 1).

영적 사람은 누구나 신령한 것을 알고자 하고 신령한 것을 사모한다. 그러나 가장 어려운 지식이 바로 이 신령한 것을 아는 것이다. 그것은 성경이 가르치는 바가 상세함이 없는 것들이 있으며, 또 대개는 영적 문제들이 체험을 통하지 않고는 달리 알 수 없는 것들이기 때문이다. 사도 바울은 이런 점에 대하여 "오직 하나님께로 온 영을 받았으니 이는 우리로 하여금 하나님께서 우리에게 은혜로 주신 것들을 알게 하려 하심이라"(고전 2 : 12) 하였다. 더욱 답답한 것은 사후의 세계나 영계에 대한 지식이다. 누가 이 감추어진 세계의 진리를 파헤쳐 가르칠 수 있는가? 신비에 쌓인 이 진리들은 별 세계의 탐험 이상으로 흥미롭고 놀라운 것이요, 엄청난 것이지만 큰 대가를 지불 않고는 안되는 것이기에 감히 도전하는 사람이 많지 않다. 육의 소욕이 죽고 고통이 없이 영성은 맑고 밝아질 수 없고, 영성이 맑아지지 않고는 신령한 것을 알 수 없다. 신령한 것은 아는 것이 아니요, 얻어지는 것이어야 하는 진리이니 어려운 것이다. 그러니 어떤 진리보다 값진 것이 바로 이 진리가 아니겠는가! 성령은 우리에게 이 진리를 보여주시기를 원하신다. 우리가 성령과 하나가 되어버린다면 성령은 우리에게 이 비밀을 보이리라!

제 5 장

신앙의 성장

"너희 믿음이 더욱 자라고"(살후 1:5), "사도들이 주께 여짜오되 우리에게 믿음을 더하소서"(눅 17:5).

1. 신앙 성장의 원리

　성도라면 누구나 믿음의 성장을 소원한다. 더 큰 믿음, 더 풍성한 믿음을 원한다. 그러나 무엇보다도 마음대로 안되는 것이 믿음의 성장이다. 왜 원하고 애쓰는데도 안되는 것일까? 믿음은 신령한 일이니 그 비밀을 사람이 모르기 때문인 이유도 있지만, 하나님의 은혜로써만 주어지는 것이기 때문이기도 하다. 어떻게 하면 믿음이 성장하는가? 이제 그 영적 비결을 알아보고자 한다. 먼저 알 것은 구원을 얻는 믿음이 다르고, 일반적인 믿음이 다르다는 것이다. 구원을 얻는 믿음은 근본적인 믿음으로 선택 원리에 따른 하나님의 절대 주권의 역사로 주어지며 크고 작은 것이 없는 성장할 수 없는 믿음이다. 그것은 주어질 자에게 주어지고 주어지지 아니할 자에게 절대 주어지지 않는다. 오직 하나님만의 것이다. 그러나 일반적인 믿음은 다르다. 사람에게 의무를 부여한 성장하는 믿음이다. 믿음이란 무엇인가? 하나님에 대한 사람의 심령 상태요, 그에 따른 행동이다. 그런 고로 믿음을 얻는 방법은 하나님을 향한 인간의 응답에 결정된다. 믿음은 기본적인 차원에서 둘로 분류한다. 그 첫째는 진리에 대한 인식으로서의 신앙, 그 둘째는 하나님을 인격적으로 만나고 순종하는 신앙이다. 그러므로 첫째 우리가 그리스도 안에서 우리에게 당신을 계시하시는 하나님을 향해 과연 어떻게 응답하는가를 물어야 하고, 또한 둘째 우리가 그 하나님의 부르심에 어떻게 복종하는가를 물어야 한다. 이 두 물음의 답이 우리의 신앙 성장을 좌우하는 열쇠가 될 수 있다. 믿음은 생명 역사이다. 생명이 반드시 자라듯 믿음도 성장 요소만 갖추어지면 언제든 자라기 마련이다. 어느날 무디가 설교를 끝냈을 때 어떤 사람이 무디에게 와서 "나는 믿을 수 없어요"라고 말했다. 문제가 그 사람에게 있는 것을 알고 무디는 "누구를 믿을 수 없읍니까?"라고 물었다. 그 때 그는 "무슨 말씀을 하시는지 모르겠군요, 저는 믿을 수가 없다고 말했읍니다"라고 말했다. "누구를 믿지 못하십니까?" 무디는 다시 되물었다. 그 때 그 사람은 "무디씨, 당신은 저의 말을 이해하지 못하는군요, 저는 믿을 수 없다고 말했읍니다"고 했다. 무디씨가 다시 그에게 "누구를 믿지 못하겠읍니까?"라고 물을 때마다 그 사람은 성을 냈으나 나중에는 우물쭈물하기 시작하였다. 필사적으로 그 사람은 "믿기에는 이해할 수 없는 일이 많습니다"라고 말했다. 마침내 무디는 다음과 같이 지적해 말했다. "당신이 믿을 수 없는 것은 하나님이 아니라 믿지 못하는 당신의 능력입니다. 믿음의 부족은 하나님의 문제가 아니라 당신의 마음 문제입니다. 당신에게는 믿을 수 있는 능력이 없을 것입니다" 하였다. 믿음은 언제나 믿을 수 있는 기회에 "아멘"으로 응답하여 더욱 성장시켜 가야 한다.

2. 신앙 성장의 실제

(1) 신앙 성장의 방법 '들음에서'

"그러므로 믿음은 들음에서 나며 들음은 그리스도의 말씀으로 말미암았느니라"(롬 10 : 17).

믿음은 들음에서 나고 들음은 하나님의 말씀으로 이루어진다고 하였다. 하나님의 말씀은 신앙의 근거가 된다. 하나님의 계시인 하나님의 말씀은 하나님께서 인간에게 주시는 메시지이다. 여기에 대하여 어떻게 응답하느냐에 따라 믿음이 달렸다. 하나님의 말씀은 살아 있는 말씀이기 때문에 이것 외에 아무 것도 없어도 믿음의 충분한 근거가 된다. 믿음은 증명을 요구하는 것이 아니며 증거를 필요로 하지도 않는다. 하나님 말씀이 증거요 근거이다. 단순히 말씀이면 족할 것이다. 수없는 신앙 위인들이 이 말씀에 의하여 믿고 역사하였고 그들의 생명을 걸었던 것이다. 아 ! 귀하다, 하나님의 말씀! 바랄 수 없는 것도 바라게 하며, 없는 것을 있게 하며, 죽은 자를 살게 하는 생명의 그 말씀을 오직 신앙의 근거로 삼으라 ! 강하고 큰 믿음을 갖고 싶으면 깊고 철저한 성경 지식을 가지라. 그것을 통한 신 인식을 강하게 갖도록 하라 ! 성경을 처음부터 끝까지 독파하고 거기서 하나님을 만나고 말씀 성취를 보라. 신앙 위인들을 보고 그들의 믿음의 비밀을 알라. 꾸준히 성경을 묵상하는 길이 신앙 성장의 길이다. 믿음이 단시일에 크거나 강해지기를 바라서는 안된다.

(2) 신앙 성장의 방법 '확증'

"이와 같이 너희 자신을 죄에 대하여는 죽은 자요 그리스도 예수 안에서 하나님을 대하여는 산 자로 여길지어다"(롬6 : 11). "너희가 믿음에 있는가 너희 자신을 시험하고 너희 자신을 확증하라"(고후13 : 5).

우리의 구원을 성령으로 인쳐서 확증해 주셨다 (엡 4 : 39). 아버지 손에서 빼앗을 자는 없다 (요10 : 28 - 29)고 하셨다. 우리의 구원이 이토록 확실해도 모호한 신앙을 가진 사람이 있다. 그런 사람은 신앙의 성장을 기대할 수 없다. 고린도 교회도 이런 자가 있기에 신앙을 시험해 보고 확증하라 하였다. 오늘날도 마음으로 확증해야 될 사람이 많다. 구원의 확실성이나 중생의 확실성을 물으면 반수 이상이 대답을 못하는 실정이다. 확증하는 일을 모르기 때문이리라. 신앙은 믿는 일이다. 사도 바울은 로마서 6장 11절에 이 사실을 "여길지어다"라 하였다. 그것은 마음은 내가 하나님의 사실을 받아들이는 것이다. 마음으로 믿어 의에 이르고 입으로 시인하여 구원에 이르는 것이다. "하나님께서 그를 죽은 자 가운데서 살리신 것을 네 마음에 믿으면 구원을 얻으리니" 하였다. 신앙은 마음으로 믿는 것이다. 신앙은 보는 것이 아니라 믿음으로 걸어가는 의지와 동작이다. 믿음은 사실들을 실증하여 우리의 경험에 실제가 되게 한다. 성도가 언제나 믿음의 태도를 견지한다면, 우리의 경험이 차차 하나님의 말씀과 부합해 가는 것을 보며 믿음이 놀랍게 성장하는 것을 알 것이다.

(3) 신앙 성장의 방법 '신앙고백'

"누구든지 사람 앞에서 나를 시인하면 나도 하늘에 계신 내 아버지 앞에서 시인할 것이요"(마 10 : 32). "사람이 마음으로 믿어 의에 이르고 입으로 시인하여 구원에 이르느니라"(롬 10 : 10).

자기 믿는 바를 시인하고 고백하는 일은 신앙 성장의 지름길이다. 무엇이든 마음 속에 생각으로 두면 변하기 쉽지만 입을 열어 말해버리면 마음에 굳어지기 마련이다. 신앙도 마찬가지이다. 신앙고백이란 헬라원어로 '호모로게오'인데, 재판석에서 발표 또는 선고한다는 뜻이다. 그런 고로 신앙을 고백한다는 것은 자기만 알고 믿는 것이 아니라 남이 알도록 말로 발표하고 알리는 것을 말한다. 이 고백이 말이든 행동이든 문제될 것은 없다. 부끄럼 없이 고백할 수 있다면 신앙이 굳어지고 확실해짐이 사실이다. 마음 속에 가두어둔 신앙은 얼마 안 가서 어려운 일이 부딪치면 흔들리고 쇠퇴해지고 만다. 신앙을 감추고 애매한 태도로 움추릴 때 신앙이 모호해지고 열심은 식으며 영혼이 위축되어 마침내 신앙을 잃는 단계에 이르게 된다. 신앙 고백이 없는 신앙은 땅에 묻어둔 달란트와 같다. 결과는 뻔하다. 얻을 것이 없고 책망만 기다릴 뿐이다. 신앙을 자기 속에 감추어 두는 것은 불충이요 불성실로 주님이 용서하지 않으신다(마 25 : 30). 고백은 의지를 굳게하고 인격을 견고케 하며 신앙을 확연케 하고 심령을 강하게 한다. 신앙을 고백하는 성도는 언제 무슨 일을 당해도 담대하고 열심있고 승리할 수 있다.

(4) 신앙 성장의 방법 '증거'

 "나의 달려갈 길과 주 예수께 받은 사명 곧 하나님의 은혜의 복음 증거하는 일을 마치려 함에는 나의 생명을 조금도 귀한 것으로 여기지 아니하노라"(행 21 : 24).

 자기의 믿는 바를 남에게 간증하거나 증거하는 것은 복음 전도 그 자체에 목적이 있다. 그러나 복음을 증거하는 일은 자기의 신앙을 견고케 하고 증진케 하는 일인 것은 사실이다. 달란트는 남기면 더 많은 것을 받게 되고, 한 달란트는 그대로 묻어두면 있는 것도 빼앗기는 것이 진리이다. 내 믿음이 적다고 내 안에 묻어 둔다면 믿음은 약해질 수밖에 없다. 산 것은 번식에 의하여 생명을 유지하고 더 강해지는 법이다. 신앙도 생명의 역사이니 전도에 의해 유지되고 더 강해짐이 사실이다. 교회도 전도의 불이 붙을 때 부흥되고, 개인도 전도의 사명에 불이 붙을 때 신앙의 약동함이 있다. 한번은 어떤 화가가 부패한 교회를 상징하는 그림을 그려달라는 부탁을 받았다. 화가는 웅장한 예배당을 그리고 화려한 강단과 거창한 파이프 오르간과 텅 빈 의자, 그리고 헌금통을 그렸다. 헌금통 위엔 "전도를 위하여"라는 구호가 써져 있고 헌금통의 돈 넣는 구멍에는 온통 거미줄이 그려져 있었다. 이것이 왜 부패한 교회인가? 이 교회는 남의 영혼을 생각 않고 전도를 할 줄 몰랐으니 결과적으로 심령들이 죽고 교회도 부패되어 쇠퇴되고 말았다는 것이다. 믿음은 헌신하고 주의 일에 힘쓰며 오직 성령에 따라 살아갈 때 날로 더해지는 것이다.

(5) 신앙 성장의 방법 '영성 생활'

"대저 젖을 먹는 자마다 어린아이니 의의 말씀을 경험하지 못한 자요 단단한 식물은 장성한 자의 것이니 저희는 지각을 사용하므로 연단을 받아 선악을 분변하는 자들이니라"(히 5 : 13-14).

신앙에는 어린이도 있고, 젊은이도 있고, 어른도 있다. 어린이가 단단한 음식을 소화시키지 못하듯, 신앙의 어린이도 신령한 말씀을 소화하지 못하고 육의 생활을 벗어나지 못한다. 신앙생활은 영성과 많은 관계가 있다. 성도가 육의 세계에서 방황하는 것보다 하나님과 영적으로 깨어 교제 가운데서 살아가는 것이 믿음 성숙에 빠른 것은 진리이다. 대체로 신앙 성장이 육적 생활 때문에 저해를 받는다. 그런 고로 성령으로 육적 생활은 죽이고 영성의 생활에 전념하는 것이 신앙 성장의 지름길이다. 영성의 생활은 성령 안에서 살고 행하는 생활이다. 의지의 소재를 내 안에 계시는 하나님의 성령 안에 정하고 항상 거기서 떠나지 않으려고 힘쓰며 육의 욕심을 이루지 않고 영성의 생활을 해야 한다. 성령의 사람이 되어 육의 요구를 거절하라. 우리의 의지를 성령 안에만 둘 때 은혜 위에 은혜, 믿음 위에 믿음에 이르러 마침내 육의 굴레에서 해방을 받는다. 성도의 온전이란 이 세상에서는 불가능하고 주재림 시에 완성될 것이지만, 꾸준히 믿음이 성숙해 가는 사람은 이 땅에서도 하늘의 영광을 누리는 것이다.

제 6 장

영력에의 성장

"너희가 주 안에서와 그 힘의 능력으로 강건하여지고" (엡 6 : 10),
"성령의 능력으로 소망이 넘치게 하시기를 원하노라" (롬 15 : 13).

1. 능력을 받는 원리

 사람들은 힘을 구한다. 힘이 없으면 누구나 불쌍한 존재가 되기 때문이다. 병들고 쇠약해져 죽게될 수밖에 없다. 힘은 건강을 준다. 힘은 풍성한 생명을 준다. 강하게 살게 한다. 이 세상은 힘으로 이끌어지고 있다. 힘은 참으로 귀하다. 성령은 힘의 근원이시다. 모든 힘이 그로 말미암아 나온다. 우리가 가져야 할 힘은 성령으로 말미암아 주어지는 참 힘인 영력이다. 사람은 이 힘으로 그 영이 살고 신앙이 유지되며 영적 생활을 강하게 할 수 있다. 과연 우리가 어떻게 하여야 이 영력을 충만히 받을 수 있는가? 오늘날 많은 사람들이 능력, 능력 하고 능력을 얻고자 하지만 왜 능력을 못 받고 무력하게 신앙생활을 하고 있는 것일까? 해답이 에베소서 6장 10절과 로마서 15장 13절, 그리고 디모데후서 2장 1절에 기록되 있다. 능력은 사람에게서 짜내는 것이 아니다. 사람이 원한다고 되는 것도 아니다. 사람이 힘써서 되는 것도 아니다. "오직 주 안에서 그 힘의 능력으로 그리스도 예수 안에 있는 은혜 속에서 성령의 능력으로" 이루어지게 되는 것이다. 능력 충만을 받으려면 먼저 성령에 충만하고, 은혜에 충만해야 된다. 능력 따로, 성령 따로가 아니다. 하나님께 능력만 구하는 것은 큰 모순이다. 성령은 단순히 성도에게 능력의 수여자로 계신 것이 아니라 사람의 심령을 통해 능력을 행사하시는 분이시기 때문이다. 능력을 참으로 받고자 원한다면 먼저 성령 자신을 자기 영 안에서 일하시도록 모시는 데 있다. 성령이 우리 안에 역사하시면서 우리 인격에 미치지 않는 데가 없다. 그 능력은 여러가지 방향과 여러가지 모습으로 역사하신다. 믿음, 기도, 말씀, 생활, 전도, 성화, 지식, 은사 등의 면과 영에 영력, 마음에 정신력, 육에 체력을 부어 주시는 것이다. 성령은 성령 자신에 제한이 없으시다. 그 역사하심을 어느 누가 다 측량할 수 있겠는가! 아무도 없다. 먼저 주 안에 거하자. 성령 충만을 받자. 그리고 은혜를 받아 의와 평강과 희락이 넘치는 주의 뜻대로 살려 할 때 반드시 능력이 주어지는 것이다. 거기서 영의 놀라운 강건함이 이루어지는 것이다. "내게 능력 주시는 자 안에서 내가 모든 것을 할 수 있느니라" (빌 4 : 13). "우리 가운데서 역사하시는 능력대로 우리의 온갖 구하는 것이나 생각하는 것에 더 넘치도록 능히 하실 이에게 교회 안에서와 그리스도 예수 안에서 영광이 대대로 영원 무궁하기를 원하노라 아멘" (엡 3 : 20).

2. 두 부류의 능력 (눅 9 : 1)

성경에는 능력에 대해서 두가지 부류의 말을 사용하고 있다. 그것은 능력이라는 말과 권세라는 말이다. 예수님께서는 제자들을 불러 모아 전도 여행을 파송하실 때 우선 그들에게 그 사명을 감당할 수 있도록 귀신을 제어하고 병을 고치는 능력과 권세를 주셨다고 하였다. 능력은 성경 원어로 주로 '듀나뮈스'라는 단어로 사용되고 있는데, 마가복음 5:

30, 누가복음 5 : 17, 사도행전 8 : 13, 고린도전서 4 : 16, 에베소서 1 : 19, 6 : 10 등을 보면 그 말이 실력이나 힘을 뜻하는 것으로 되어 있다. 권세는 원어에 '엑수시아'로 되어 있는데 마태복음 28 : 18, 마가복음 3 : 15, 6 : 7, 누가복음 10 : 19등에서 권리나 권위의 뜻으로 사용되고 있는 것을 볼 수 있다. 주님은 제자 70인에게 이 원수 마귀의 능력을 제어할 권세를 주신 것으로 되었다. 능력도 센 것이지만 권세는 더욱 강한 것이라 능력을 제어할 수 있는 것이다.

3. 능력 생활의 실제

(1) 영력 (행 5 : 1 - 6, 롬 8 : 13, 시 51 : 10)

급속도로 발달된 물질 문명 때문에 내재의 힘인 영력에 대한 관심이 점점 희박해 가고 있다. 사실 이 우주는 이 영력으로 움직여지고 있는데 말이다. 만일 이 땅에 영력의 역사가 사라진다면 머지 않은 장래에 세상은 막을 길 없는 부패로 패망하고 말 것이다. 영력은 자기 영을 바로 이끌고, 바르고 강한 영적 생활을 하게하며 영에 속하지 않는 모든 것을 저항해 간다. 우리의 영이 우리의 마음과 몸을 제어할 만큼 강하지 않으면 안된다. 우리의 영이 악령과 세상 죄악과 싸워 이길 만큼 강하지 않으면 안된다. 우리의 영이 직관력 있고 분별력 있어 점점 강인해져 가야 영적 승리를 얻을 수 있다. 백여 종의 발명을 한 일본 동북 대학의 교수였던 삿도 박사가 천문대를 시찰하려고 갔다가 택시가 뒤집혀 한 사람이 죽었다. 그 때 마침 그 부인이 그런 꿈을 보고 놀라 남편에게 전보를 쳤다. 그 전보를 받은 과학자 삿도 박사는 영력이라는 것이 바로 이것이구나 하고 타오르는 신앙을 얻어 그 일생을 주께 바쳤다 한다. 노아나 엘리사나 바울만 영력이 주어지는 것이 아니다. 성령으로 거듭난 모든 사람들은 약하든 강하든 영력이 존재한다. 우리의 영력을 약하든 강하든 계속 사용해야 된다. 마음에 따라 살거나 육에 따라 살지 않고, 영에 따라 사는 법을 배우고 훈련하며 적응해 갈 때 우리는 영적 사람으로 점점 신령해지고 성령으로부터 더 많은 영력을 경험하게 되며 속 사람은 날로 새로와지고 강건해져 갈 수 있다. 성령만이 우리에게 영력을 부어 주시는 분이시다.

(2) 신앙의 능력 (눅 17 : 5 - 10)

하루는 제자들이 주님께 믿음을 더하여 주소서라고 간청하였다. 그 말에 대하여 주님은 "너희에게 겨자씨 한 알만한 믿음이 있었다면 이 뽕나무더러 뿌리가 뽑혀 바다에 심기우라 하였을 것이요 그것이 너희에게 순종하였으리라" 하심으로 신앙이, 적어도 산 신앙이 얼마나 놀라운 역사를 이룰 수 있는가를 가르쳐 주심으로 믿음은 양보다는 질이 중요하다는 것을 가르쳐 주셨다. 믿음은 생명이 있어야 역사할 수 있기 때문이다. 땅 위에서 하나님의 능력을 사용하고 있는 신앙은 산 신앙이다. 산 신앙은 성령이 함께 하는 신앙이다. 산 신앙은 능력의 휴즈이다. 성령의 능력이 이것을 통하여 주어진다. 우리는 어떤 경우라도 이 신앙을 적응해 나가야 신앙의 능력을 얻을 수 있다. 신앙의 능력은 써야 커간다. 제자들이 바다를 건너갈 때 풍랑 중에 파도가 배를 넘어 들어 오는 것만 바라보고 큰일났다, 빠져 죽게 되었다, 죽게 된 것을 주께서 돌아보지 않는가 하였다. 그 때 주님은 풍랑을 잠잠케 하시고 너희 믿음이 어디 있느냐 하셨다. 이 말씀은 "너희 믿음을 이런 상황에서 적응하지 않는가, 그렇면 진정 그 믿음이 어디 있느냐? 없는 것과 무엇이 다른가?" 하시는 말씀이다. 수많은 능력의 사람들이 믿음을 사물에 적용하여 역사할 수 있었던 것을 생각할 필요가 있다. "들은 말씀을 유익되게 하는 길은 듣는 자가 믿음을 화합하게 하는 길은 듣는 자가 믿음을 화합하게 하는 길이다" (히 4 : 2) 라고 하였다. 오래 전에 윌취만 니는 병을 앓고 있었다 한다. 그는 6일 밤이나 열이 높이 올라서 잠을 이룰 수가 없었다. 그런데 마침내 하나님께서 성경으로부터 신유의 말씀을 주셨다. 이 때문에 그는 병의 모든 증상이 사라지리라고 기대를 하고 있었다. 그러나 그는 한 잠도 잘 수 없었다. 그는 잠을 자지 못했을 뿐 아니라 그 전보다 더욱 더 불안해져 갔다. 그의 체온은 점점 높아지고 맥박은 더 빨리 뛰고 머리는 이전보다 더욱 더 심하게 아파졌다. 마귀는 다음과 같은 말로 유혹했다. "하나님의 약속이 어디 있느냐?" 그래서 유혹을 받은 그는 기도를 다시 하면서 모든 문제를 애써 검토해 보았다. 그러나 그는 책망을 받았다. 동시에 그의 마음 속에는 다음 성경 말씀이 떠 올랐다. "아버지의 말씀은 진리니이다"(요 17 : 17). 만일 하나님의 말씀이 진리라면 이 모든 증상은 다 무엇인가? 라고 생각했다. 이 증상은 모두 거짓임에 틀림없다. 그래서 그는 마귀에게 선언하였다. 이 불면증은 거짓이다, 이 두통은 거짓이다, 이 고열은 거짓이다, 이 높은 맥박은 거짓이다. 하나님께서 나에게 말씀하신 것으로 보아 이 모든 병의 증상은 너의 거짓에 불과하며 따라서 나에게 주신 하나님의 말씀은 진리이시다. 5분만에 그는 잠이 들었다. 그리고 다음날 아침 깨었을 때는 완전히 건강이 회복되어 있었다. 믿음은 바라는 것들의 실상이다. 바라는 것이 사실에의 적응이 없이는 이루어질 수 없다. 믿음은 인간적인 것을 보는 것이 아니요, 말씀만 보고 나가는 것이다, 의심은 스스로의 논쟁이다. 믿음은 논쟁을 멈추고 말씀에 굳게 서는 것이다. 그리고 성령의 인도하심에 따르는 것이다. 믿음은 구원력이요, 창의력이요, 화평력이요, 성결력이요, 영생력이며, 축복력이요, 보호력이요, 경건력이요, 승리력이요, 치유력이요, 건강력이요, 승시력이요, 성장력이다. 또한 영력이요, 기도력이요, 용기력이요, 하나님을 기쁘시게 하는 능력이요, 부활력이다.

(3) 기도의 능력 (약 5 : 16)

"모든 기도와 간구로 하되 무시로 성령 안에서 기도하고"(엡 6 : 18). 위의 말씀은 기도의 능력을 보여주는 말씀이다. 능력의 사람들은 이 기도의 힘으로 큰 일들을 하였다. 성경에는 기도의 능력의 놀라운 역사들로 가득 차 있다. 야곱, 모세, 여호수아, 다윗, 다니엘, 엘리사, 베드로, 바울 등에서 실증을 볼 수 있다. 기도의 능력은 옛날이나 지금이나 변함이 없다. 전능하신 하나님께서 하실 수 있는 것을 기도를 통해 성도가 이룬다. 기도의 능력은 사람의 능력이 아니다. 하나님께서 역사하심이요, 하나님께서 주시는 것이다. 그러므로 에베소서 6장 18절에 성령 안에서 기도하라 하였다. 생명이 없으면 운동도 역사도 없듯, 성령 없이는 능력 있는 기도가 있을 수 없다. 생명도, 역사도, 능력도 성령 안에 있다. 성령은 능력있는 기도를 할 수 있게 할 뿐 아니라 능력을 스스로 주시는 분이시다. 성령은 능력있는 기도가 되도록 아래와 같은 일을 하신다.
   ① 성도를 주의 말씀에 복종하며 기도하게 하신다.
   ② 믿는 것을 믿음으로 기도하게 된다.
   ③ 하나님과 살아 있는 연관이 있게 한다.
   ④ 순결한 생활로 순결한 기도를 드리게 한다.
   ⑤ 끈기있는 기도를 하고 강력한 기도를 드리게 한다.
   ⑥ 하나님의 영광을 위해 기도하게 한다.
그뿐 아니라 성령은 친히 우리를 위해 기도하시는 분이시다. 우리는 무지로 기도하고 분별 못하고 모든 것을 다 기도하지만, 성령은 꼭 빌 것을 우리를 위해 기도해 주신다(롬8 : 26).

(4) 말씀의 능력(엡 6 : 17)

성령께서 우리 안에 역사하시는 능력에 또한 말씀의 능력이 있다. 에베소서 6장 17절에는 "성령의 검, 곧 하나님의 말씀을 가지라" 하였다. 하나님의 말씀은 성령이 사람에게 적을 물리치게 해주는, 대적의 무기 '검'이 되는 능력이라는 것이다. 하나님의 말씀을 성령의 검이라고 한 것은 성령이 하나님의 말씀의 저작자라는 뜻도 되겠지만, 성령은 하나님의 말씀의 해설자로 말씀을 살아 역사하게 열어 주시는 분이라는 뜻도 된다. 또한 성령은 하나님 말씀을 적을 물리칠 수 있는 검으로서 사용할 수 있도록 도우시는 분이라는 뜻도 된다. 그러나 여기의 중요한 뜻은 성령이 성도에게 적을 물리칠 무기로서의 검, 그것은 하나님의 말씀이라는 뜻이다. 성도는 어떠한 경우라도 이 검을 소지하고 있어야 하고, 이 무기로 어떤 적도 무찌를 수 있다.

주님께서 성령에 이끌리어 40일 금식하신 후에 마귀에게 시험을 당할 때도 이 말씀으로 싸워 이겼다. 오늘날도 여러가지 시험, 환난, 유혹, 핍박 중에 마귀의 궤계와 대항하고 마귀를 패배하게 하고 도망하게 하는 능력은 성령의 검, 곧 하나님의 말씀이다. 하나님의 말씀은 안으로 내 자신을 해부하여 구원과 성결을 주는 성령의 검이요(히 4:12), 밖으로 하나님의 뜻을 대항하는 모든 적을 물리치는 성령의 검이다(엡6:17).

　그러나 이 좋은 영적 무기도 우리가 절대적으로 의지하지 않거나 믿음에 굳게 서지 못한다면, 하나님의 말씀은 의문의 죽은 글자와 한낱 사람의 말과 다름 없는 부러진 검이나 나무 칼과 같은 것이 되고말 것이다.

제 7 장

성령의 축복 역사

"이 강물이 흐르는 곳마다 번성하는 모든 생물이 살고 또 고기가 심히 많으리니 이 물이 흘러 들어감으로 바닷물이 소성함을 얻겠고 이 강이 이르는 각 처에 모든 것이 살 것이며…… 그 잎이 시들지 아니하며 실과가 끊치지 아니하고…… 그 잎사귀는 약 재료가 되더라"(겔 47 : 9 - 12). "네 영혼이 잘 됨과 같이 네가 범사에 잘 되고 강건하기를 내가 간구하노라"(요 3 : 2).

1. 축복의 성령

성령은 인간의 영과 생명을 갱신시킨다. 그리고 인간의 영에 사셔서 인간을 지배하시고 생명의 성령의 법칙에 따라 역사하신다. 성령은 내면에서 외면, 영적인 데서 육적인 것, 신령한 것에서 물질적인 것에로, 역사하신다. 그것은 인간에게 넘치는 축복이다. 성령의 역사는 인간의 모든 면 즉 지적 면, 정적 면, 의지 면, 모든 은혜와 사랑, 축복의 원천이다. 하나님은 신앙을 가지고 도전하고 축복을 추구하는 모든 사람을 성령 안에서 만난다. 그들의 영혼이 잘 됨과 같이 범사가 잘 되고 강건하게 하신다. 번성하고, 열매맺고, 부흥되게 하신다. 그리스도의 완전을 이룰 때까지 성령은 함께 하시는 사랑의 보혜사이시다.

2. 최대의 축복

"너희 아버지의 온전하심과 같이 너희도 온전하라"(마5 : 48). "범사에 그에게까지 자랄지라 그는 머리니 곧 그리스도라"(엡4 : 15). 은혜 안의 성장도, 믿음의 성장도, 영적 지식의 성장도, 성화도, 능력도, 축복도, 아니 모든 영적 생활 전체의 목표가 하나님의 완전과 그리스도를 닮는 일이다. 이를 위해 성령은 그 모든 것을 공급해 주시고 자라게 하시는 것이다. 성도는 그리스도의 형상을 닮는 것, 그것 이상 은혜 없고, 그것 이상 믿음 없고, 그 이상 성화 없고, 그 이상 지식 없고, 그 이상 능력 없고, 그 이상 축복 없다. 그것이 모든 것의 모든 것이요, 최대의 축복으로 알아야 된다. 인간은 행복을 위한 인간이 아니라 완전에의 도달을 위한 인생이다. 완전에 도달하기 위한 모든 것은 그것이 비록 고난이라도, 가난이라도, 미움이라도, 죽음이라도, 그것이 참 은혜이고 그것이 참 거룩함이며 그것이 참 믿음, 참 지혜, 참 능력이요, 참 축복이요, 기쁨인 것이다. 어떤 소녀가 아버지를 따라 등산을 떠났다. 처음에는 앞장 서서 춤추며 걸었다. 오래지 않아 길은 험해지고 산은 높고 가파려져 갔다. 소녀는 점점 뒤떨어지기 시작했다. 그 때 아버지는 붙들어 주고 아이는 그 힘있는 팔에 매달려 산 꼭대기까지 올라 갈 수 있었다. 그리스도인의 완전은 허락이요 명령이다. 그 완전은 절대로 사람 혼자서 이루는 것이 아니다. 힘있는 팔이 항상 우리를 붙들어 산정까지 오르게 하신다. 그 팔은 성령이시다. 성도의 완전은 강하게 이끄시는 성령의 그 손에 매달리는 일이다. 더욱 굳게 성령에게 매어 달려라. 거기에 최대의 축복이 있다.

그리스도의 완전을 이루라! 아멘!

제 3 편
은사의 실제

"은사는 허공에 뜬 무지개가 아니다. 우리 성도에게 지금 주의 일을 하게 하시기 위해 주시는 선물이다……은사는 여러가지이나 성령은 같고 직임은 여러가지이나 주는 같으며 또 역사는 여러가지이나 모든 것을 모든 사람 가운데 역사하시는 하나님은 같으니 각 사람에게 성령의 나타남을 주심은 유익하게 하려 하심이라"(고전12 : 4 - 7).

제 1 장

은사의 의의

1. 신령한 것에 대하여 알라.

사도 바울은 은사 장인 고린도전서 12장 첫절에서 "형제들아 신령한 것에 대하여는 내가 너희의 알지 못하기를 원치 아니하노니"라 하였다. 그 말씀은 신령한 것을 반드시 알아야 한다는 뜻이다. 여기에서 신령한 것이 은사에 대한 말씀임은 이 고린도전서 12장이 은사에 대해 기록했기 때문에 쉽게 짐작할 수 있다. 그 때의 고린도 교회뿐만 아니라 오늘날 성도에게도 은사에 대한 무지는 바람직하지 않다. 성령으로 거듭난 사람이면, 생동적인 신앙생활을 원한다면, 신령한 생활을 하고자 원한다면, 교회에 효과적이고 능동적이고 유익하게 일하기를 원한다면 은사에 대해 알아야 함이 마땅하다. 각종 은사는 주의 몸된 교회를 위하여 있다. 능동적으로 주님 일을 일하게 함에 목적이 있는 것이다. 그런데 이 은사가 잘못 인식되고 잘못 사용되어 교회 발전에 저해 요소가 되고 호리라도 부덕을 끼친다면 참으로 슬픈 일이요, 마음 아픈 일이 아닐 수 없다. 주님은 통탄하실 것이다. 이 귀한 하나님의 선물을 참으로 빛나게 하고, 뜻있게 활용할 수 없을까? 주님은 그것을 원하실 것이다. 하나님은 그 주신 선물은 어떤 것이든 버리시기를 원치 아니하신다.

(1) 은사에 무지하면
① 주님의 귀한 선물에 무관심한 자가 된다 (마 7 : 6).
② 모르면 못 받으니 천국 보화를 얻지 못한다 (마 13 : 44).
③ 모르고 반대하니 은혜 배반자가 된다 (히 10 : 29).
④ 모르고 못 받으니 심령이 갈하고 무력하다 (고전 3 : 1 - 3).
⑤ 받고도 모르면 역사를 제대로 못한다 (마 25 : 18).
⑥ 받고도 모르면 발전되지 않고 소멸되며 실망에 빠진다.
(살전 5 : 19).
⑦ 무지해서 오용하니 채찍을 맞는다 (마 7 : 22 - 23).
⑧ 모르고 은사 역사하면 혼란과 부덕을 끼친다 (고전 14 : 26 - 33).
⑨ 은사를 모르거나 못 받은 자는 생동력이 없고 육적 성도가 된다 (고전 3 : 1 - 3).
⑩ 교역자가 은사를 모르면 소경이 소경을 인도하는 격이 된다 (마 15 : 14).

(2) 은사에 대해 지식이 있으면
① 최고의 보화를 얻은 기쁨에 산다 (마 13 : 44).
② 은사의 청지기로 확신과 능력으로 일한다 (벧전 4 : 10 - 11).
③ 자기에게 덕이 되고 교회에 덕을 끼치고 유익을 끼친다 (고전 14 : 4).
④ 은사의 지식이 있으면 얻는 데 큰 도움이 된다 (행 10 : 44 - 47).
⑤ 더 큰 은사를 사모하고 신앙이 생동적이 된다 (고전 12 : 31).
⑥ 은사를 발전시키고 활용하는 데 큰 힘이 되고 부흥을 가져온다 (마 25 : 20).
⑦ 승리적인 생활로 인생을 성공하며 의의 면류관을 받는다

(딤후4 : 7 - 8).

⑧ 교역자가 은사를 알면 양들이 목자를 따르고 교회가 부흥되고 목회가 즐겁고 성공한다(딤전4 : 14 - 16).

⑨ 주 앞에 칭찬받고 큰 것을 받는다 (마25 : 21).

⑩ 범사에 하나님께 영광 돌리는 생활을 할 수 있으며 인생을 보람있게 한다(벧전4 : 10 - 11).

노아, 아브라함, 야곱, 모세, 여호수아, 엘리야, 엘리사, 에스겔, 베드로, 바울도 모두 은사로 주의 일을 힘차게 일한 위인들이다. 성경은 은사로 가득 찼다. 은사를 알고, 받고, 받아 바로 일하고, 더 효과있고 능하게 일하며 하나님께 오직 영광을 돌릴 것이다. 아멘.

오직 우리가 하나님께로 온 영을 받았으니 이는 우리로 하여금 하나님께로서 우리에게 은혜로 주신 것들을 알게 하려하심이라(고전2 : 12).

2. 은사란 무엇인가?

은사는 성도에게 성령께서 그리스도의 지체로서 주를 섬김에, 주의 일을 효과적이요 유익하게, 능하게, 일할 수 있게하기 위해 주시는 신령한 재능이다. 주를 섬김에 자기 힘으로 일함보다 하나님이 주시는 영적 재능으로 일한다면 그토록 힘들지 않고 효과가 크고 또 일함이 즐겁다. 주님은 주의 일함에 성도에게 맨손으로 일하게 버려두지 않으셨다. 각자에 맞는 은사를 주신다. 맨손으로 일함보다 기계를 사용함이 효율이 큰 것처럼 은사를 사용하면 그 능률이 크고 일이 즐거울 수 있다.

3. 은사의 목적

은사의 목적을 고린도전서 12장 4-6절에는 주께서 주신 직임, 즉 하나님의 역사함에 유익하게 하려함이라 하였고, 에베소서 4장 12절에는 이는 성도를 온전케 하며 봉사의 일을 하게하며 그리스도의 몸을 세우려 하심이라 하였다. 베드로전서 4장 10절에는 은사를 맡은 청지기로 서로 봉사하는 데 있다고 하였다. 그러므로 은사를 주시는 목적은 크게 셋으로 생각할 수 있다.

(1) 성도를 온전케 하는 데 있다(엡4 : 12).

자기든 남이든 성도를 온전케 하는 데 은사는 필요하다. 성도가 중생함은 영적으로 출생함과 같다. 그러므로 에베소서 4장 13절에 "우리가 다 하나님을 믿는 것과 아는 일에 하나가 되어 온전한 사람을 이루어 그리스도의 장성한 분량이 충만한 데까지 이르리니…… 오직 사랑 안에서 참된 것을 하여 범사에 그에게까지 자랄지라"하였다. 은사는 반드시 성도의 심령이 주를 향해 자라서 온전케 되는 데 사용되어야 한다. 그것이 자기 자신을 위해서든 다른 성도를 위해서든 마찬가지이다. 심령을 강건케 하고 거룩케 하고 자라게 하고 온전케 하는 데 유익을 주는 것이다.

(2) 봉사의 일을 하게함(벧전4 : 10, 엡4 : 12).

은사를 받는 자의 올바른 자세는 섬기는 자의 자세이다. 은사는 자기의 것이 아니다. 다만 주인을 위해 맡아 일하고 관리하는 청지기로서 봉사자임을 알아야 한다. 청지기는 주인에게 신청할 날이 있는 것이다(마 25 : 19). 진실되고 충성된 종으로 은사를 가지고 더 많은 것으로 주께 영광 돌리기 위해 봉사의 일을 해야한다.

(3) 그리스도의 몸된 교회를 세우는 데 있다(엡4 : 12, 고전12 : 4-6).

성도는 몸된 교회의 지체이다. 지체는 그 기능을 발휘하여 몸을 세워야 한다. 은사는 지체가 지체로서 능하고 효과있고 유익하게 일할 수 있도록 주시는 영적 능력인 것이다. 그러므로 은사는 교회를 발전시키고 확장시키고 좋게하는 데 사용되고, 자기 맡은 직임을 다하는 데 사용해야 된다. 교회의 덕을 세우는 데 사용되어야 된다. 은사를 받은 자가 교회에 부덕을 끼치고 혼란을 빚으며 사욕을 채우면 그것은 목적에서 이탈된 것이니, 이런 사람은 주의 채찍맞고 불법자로 주님의 버림을 받는다(마7:21-23). 은사는 하나님께 영광 돌리는 데만 사용되어야 한다.

4. 은사의 보편성과 다양성

에베소서 4장 7절과 고린도전서 12장 7절과 11절에 은사를 우리 각 사람에게 성령이 각각 나눠 주신다는 것은 은사의 보편성과 다양성을 말씀함이다.

(1) 보편성

은사는 어떤 특수한 성도에게만 주어지는 것이 아니라 모든 하나님의 자녀, 성령을 받아 중생한 자는 누구나 한 가지 이상의 은사를 받는다는 뜻이다. 은사는 어느 누구, 몇 사람의 것이 아니라 성도 모두의 것이다. 지체가 그 기능이 있듯, 성도가 몸된 교회 지체로서 각각 부르심을 받을 때에 그 사명을 감당할 능력을 하나님께서 주심이 마땅한 것이다. 그러나 어떤 성도는 은사를 받고도 모르는 이가 있고, 어떤 이는 활용하여 큰 성과를 거두는 사람도 있다.

(2) 다양성

은사는 여러가지이다. 그리고 그 은사는 다양하게 역사한다. 성령은 그 다양한 은사를 여러 성도에게 각각 다르게 그 적성에 맞도록 나눠주신다. 어떤 이에게는 한 두가지, 어떤 이에게는 몇 가지씩 나누어 주신다. 한 사람에게 은사를 다 주시지 않는다. 한 지체가 모든 기능을 하게 하지 않으신다. 여러가지 꽃이 어울려 아름다운 화원이 되고, 여러가지 악기 소리가 조화되어 듣기 좋은 웅장한 교향악을 이루듯, 많은 성도가 교회의 지체로서 각각 받은 은사로 각각 그 기능을 발휘하여 아름답고 은혜롭게 그리스도의 몸된 교회를 섬기게 하셨다. 성도는 누구나 각각 자기 받은 은사를 감사히 알고 활용하여 그 맡은 직임을 성실히 이루어가야 한다. 불평도, 원망도 말고 은사를 귀중히 알아 개발하고 발전시키고 역사해 나갈 때 신앙생활은 크게 성공하고 성령은 더욱 큰 은사를 주시리라 (마25장). 주님은 약속하셨다. 은사는 참으로 귀하다. 옥스포드 대학교 죤 오웬 박사는 무식한 땜쟁이 죤 번연의 설교를 자주 들었는데, 그 때 찰스 왕이 물었다. 당신은 왜 많은 학문을 가지고 보잘것없는 땜쟁이 번연의 설교를 들으려 합니까? 총장은 대답했다. "제가 번연의 은사를 가질 수 있다면 기꺼이 저의 학문을 포기할 수 있읍니다."

5. 은사는 어떻게 받는가?

언젠가 기도원 집회를 인도할 때 낮 공부를 가르치고 내려 오는데 어떤 여성도 한 분 따라오면서 하는 말이 "나도 방언 은사를 받고 싶은데 어떻게 받도록 해줄 수 없느냐"는 것이었다. 참으로 딱한 일이었다. 대체로 처음 성령의 은혜를 받고 은사에 대한 지식이 없을 때는 누구나 이런 어리석은 요구도, 기도도, 행동도 할 수 있다고 본다. 그러나 세월이 흘러가고 영적 지식을 얻게될 때 과연 은사가 어떻게 주어 지는가를 알게된다. 먼저 우리 성도가 꼭 알아야 할 사실은 은사는 하나님의 주권에 속한 것이라는 점이다. 성도가 무슨 은사를 받기 원하고 간구한다해서 받을 수 있는 성질의 것이 아니요, 성령의 주권적인 역사로 인간에게 주어지는 것이다. 성령만이 우리를 그 뜻대로 택하사 그가 원하시는 은사를 우리를 통하여 나타내시고 그 은사를 가지고 우리를 쓰시는 것이다. 우리가 은사를 선택하여 간구하는 것이 아니고 성령께서 선택하여 주시는 것이며, 우리가 은사를 가지고 사용하는 것이 아니고 성령께서 은사를 주시어 우리를 그 뜻대로 쓰시는 것이다. 이 사실을 성경이 말하고 있다. "우리에게 주신 은혜대로 받은 은사가 각각 다르니…"(롬12 : 6). "각 사람에게 성령의 나타남을 주심은 유익하게 하려 하심이라"(고전 12 : 7). "한 성령이 행하사 그 뜻대로 각 사람에게 나눠 주시니라"(고전 12 : 11). "우리 각 사람에게 그리스도의 선물의 분량대로 은혜를 주셨으니"(엡 4 : 7)라 하였다. 그러므로 은사를 사람이 제 마음대로 지적해서 그것을 달라고 기도하는 것이 아니라 성령께서 그 거룩하신 뜻대로 은사를 주사 자기를 통하여 나타내시고 사용해 주시기를 사모하는 것이 필요하다(고전12 : 31). 성령의 은사를 받고자 하는 사람은 성령님은 인격적인 분임을 명심해야 된다. 성령님과 은사가 따로 존재하는 것이 아니다. 성령님이 우리 안에 강하게 역사하심으로 은사도 여러 면에 역사케 되는 것이다. 성령 충만이 없이는 아무도 은사 역사를 할 수 없다. 은사를 받는 길은 성령에 따라 사는 데 있는 것이다.

또한 성령의 은사와 직임과 관계가 있음을 알아야 한다. 몸에 필요 없는 지체가 없듯 교회에서의 기능을 수행하는 직임에 관계없는 은사를 주시지 않는다.

주님은 우리에게 그의 뜻대로 직임을 주시고, 성령은 그의 뜻대로 은사를 주시고, 하나님은 그의 뜻대로 모든 사람을 사용하시어 역사하신다. 그러나 그 주님, 그 성령, 그 하나님은 같으신 한 분이심을 알아야 한다. 그러므로 한 사람 안에 역사하시는 그 은사와 직임과 역사는 다를 수가 없는 것이다(고전12 : 4-7). 하나님의 뜻을 모르는 자 은사 받을 사람 없고, 사명을 모르는 자 은사받을 사람이 없으며, 하나님의 뜻에 순종하는 자 은사 못 받을 자 없고, 사명을 느끼는 자 은사 못 받을 자 없다. 우리가 주님의 몸의 지체로 사명을 감당할 수 있는 것을 깨닫는 것은 얼마나 귀한 일이며, 우리가 성령의 은사로 하나님의 대업을 할 수 있다는 것을 안다는 것이 얼마나 신나는 큰 특권인가! 주님과 교회는 이렇게 헌신할 우리를 필요로 하고 은사 주시기를 원하심을 믿어야 한다. 은사와 직분과 안수는 그런 의미로 연관이 있다(딤전 4 : 14,

행 6 : 6).

6. 은사의 발견과 발전

　은사를 받는 것도 중요하지만 받은 은사를 발견하고 개발하며 발전해 나가는 일은 더욱 중요하다. 유명한 영국의 설교가인 스펄전 목사는 어느날 한 양로원에 위문 갔다가 양로원의 벽에 어떤 사람의 성명이 쓰여진 액자 한 점을 발견하고 이상히 여겨 그 액자의 사유를 물었다. 한 할머니가 대답하기를 그것은 이 전에 여러 해 동안 그녀가 간호했던 한 나이 많은 환자가 준 것인데 그녀의 정성어린 간호에 대한 보답의 뜻으로 임종 전에 써준 것이라 하였다. 그후 스펄전 목사 중재로 그 액자가 근거가 되어 그녀가 그 죽은 노인 환자의 유산을 받게 되었는데 거액의 재산이었다 한다. 그러나 그 내막을 모르고 그녀는 가난 속에 양로원에 와 있은 것이었다. 스펄전 목사의 도움이 아니었더라면 그녀는 그 거액의 유산을 두고도 영원히 어렵게 살았을 것이다. 이와 같이 많은 성도들은 그들이 받은 은사를 깨닫지 못하고 가련하게 신앙생활을 하고 있다. 은사를 발견하고 개발해 나가야 할 책임이 있는데도 한 달란트 맡은 자와 같이 무지와 게으름으로 은사를 사장하여 결국 책망을 면치 못할 것이다. 은사를 발견하는 길이 무엇인가?
　① 은사에 대한 지식을 가질 것이다.
　　모르고는 그 가부를 시험할 수 없다.
　② 기도함으로 가능한 은사를 시험해볼 것이다.
　　은사는 사명과 연관이 있기 마련이니 그런 면에 더욱 마음을 기울여 시험해볼 것이다. 대체로 사명을 감당해 나갈 때 은사가 자기에게 있음을 발견하는 예도 많다.
　③ 내가 어떤 은사를 나타낼 때 심령에 즐거움이 있는가?
　　그것은 자신 속의 확정이다.
　④ 수행 효과에 따라 은사를 확정할 수 있다.

은사는 과업을 이루는 것이기 때문에 그 수행 능력과 결과를 보면 은사를 받은 것을 분별할 수 있다.
　⑤ 다른 사람에 의한 분별이 가장 명확한 증거가 된다.
　다른 사람의 확증은 더욱 적극적으로 역사를 할 수 있는 계기가 되기도 한다.
　그러나 대체로 자기 자신의 발전 후 많은 역사를 수행한 뒤에야 남들이 인정하려고 하는 것이 통례이다. 그리고 은사를 발전해 나가게 하자면 가지고 있는 은사를 교회 사역에 활용하게 함으로 더욱 강하게 발전되어 간다. 그 사실을 로마서 12장 8절의 은사에서 볼 수 있다. 섬기는 자이면 섬기는 일, 가르치는 자이면 가르치는 일, 권위하는 자이면 권위하는 일, 그것에 전념하고 사명에 충실할 때만이 은사가 개발되고 발전해진다. 즉 성령께서 은사를 더 충만히 부어 주시는 것이다. 실제의 은사는 부르심에 합당히 행할 때 오고 은사의 개발은 다른 사람에게 베풀려고 힘쓸 때 가능케 된다.

7. 은사의 종류

　하나님의 사역자들은 하나님의 부르심을 받은 사람들이다. 하나님은 그 사역자들을 부르실 때 또한 그 사명을 감당할 수 있도록 필요한 은사를 갖추어 부어주신다. 그래서 사명자를 하나님의 일에 청지기라고도 하였지만 또한 은사의 청지기라고도 하였다(벧전4 : 10). 한 사람이 받은 부르심의 사명과 그가 받은 은사와는 불가분의 관계가 있는 것이다. 그 부르신 사명을 이루기 위하여 그 사명에 적합한 은사와 그렇지 않은 보편적이요 보조적인 은사라 할지라도 모두가 사명과 떼어 놓을 수 없는 것들이다. 사명과 은사는 하나님의 뜻을 이루는 목적에서 하나이다. 마태복음 25장 14-30절의 달란트 비유를 생각해 보라. 은사에 대한 충성이 곧 사명에 충성이요, 사명의 충성이 곧 주인에게 대한 충성이었다. 이 말을 바로 말한다면 주인에게 충성하려면 사명에 충성해야 되고, 사명에 충실하려면 맡은 바 달란트를 잘 관리해야 된다는 말이 된다. 5달란트 맡은 이는 다시 5달란트를 남기고, 2달란트 맡은 사람은 다시 2달란트를 남겼지만, 1달란트 맡은 자는 왜 맡은 달란트로 아무 것도 못했던가? 그는 그가 맡은 달란트가 무엇을 할 수 있다는 그 자원의 잠재력을 알지도 못했고 알려고도 안했던 것이었으며, 그리고 그것을 활용하여 노력하지 않았기 때문에 얻을 것이 없었고 아무 일도 하지 못하여 '무익한 종'이라는 판정을 받아 바깥 어두운 곳으로 쫓겨나는 신세가 되었다.

이제 은사가 얼마가 되는가? 어떤 은사가 있는가 알아보자. 성경에 언급된 은사는 20여 종류가 되지만 실제에 있어 하나님께서 은사를 주시는 것은 성경이 훨씬 많으리라 생각된다. 그러나 우리가 아는 것은 성경이 가르치는 데 의하여서 아는 것이다. 성경에는 대체로 다섯 곳에서 볼 수 있다.

첫째 : 고린도전서 12장 28절(8가지)
    사도, 선지자, 교사, 능력, 신유, 도움 은사, 다스림, 방언

둘째 : 고린도전서 12장 8-10절(9가지)
    지혜, 지식, 믿음, 신유, 능력, 예언, 영 분별, 방언, 통역

세째 : 로마서 12장 6-8절(7가지)
    예언, 섬김, 가르침, 권위, 구제, 다스림, 긍휼

넷째 : 에베소 4장 11절(5가지)
    사도, 선지자, 복음 전도, 목사, 교사

다섯째 : 베드로전서 4장 10-11절(2가지)
    말의 은사, 봉사 은사

이상 중복을 피하고 정리하면 다음과 같다.

전문적은사 : 사도, 예언, 목사, 전도, 교사, 치리, 권위, 섬김
보조 은사 : 지혜, 믿음, 신유, 기적, 영분별, 자비, 방언, 통역

제 2 장

사도적 은사

1. 사도적 은사란 무엇인가?

사도라는 말이 성경에 75회 나온다. 그러나 교회의 직분으로 볼 때 사도직은 이미 끝났다. 그래서 이 사도적 은사를 은사의 목록에서 제외하고 있다. 지금 사도로 불리울 사람은 없지만 사도적인 은사를 가지고 역사하는 사람이 실제로 있다고 보는 이도 있다. 선교를 위해 불붙는 사명을 가지고 문화권이 다른 곳에 가 복음을 전하고 교회를 개척할 사람이 많이 필요하기 때문이다. 누가 저 복음을 모르는 수억의 불쌍한 사람들에게 가서 죽음을 각오하고 선교할 것인가? 그것은 사람의 힘으로는 될 수 없음은 누구나 아는 사실이다. 거기에는 사람으로 해낼 수 없는 어려움이 너무 많다. 그것은 하나님의 능력으로만 이룰 수 있는 일이다. 그 능력이 바로 사도적인 은사이다. 하나님은 지금도 암흑의 그늘에서 사는 사람들을 구하기 위하여 그들에게 사명자를 보내시기 원하시고 그들을 보내 일할 수 있는 능력인 은사를 주신다. 그것은 개척의 은사요, 선교의 은사요, 황무지로 꽃밭을 이루는 기적의 은사이다. 빌립보, 고린도, 갈라디아, 에베소 등에 교회를 심은 바울과 바나바가 이 은사를 크게 역사한 사람이고, 인도에 심은 윌리암 케리, 중국에 복음을 심은 허드슨 테일러, 아프리카에 선교한 슈바이쳐같은 이가 이 은사를 사용한 사람들이다. 고린도전서 9장2절에 사도 바울은 "다른 사람에게는 내가 사도가 아닐지라도 너희에게는 사도니 나의 사도됨을 주 안에서 인친 것은 너희라" 하여 바울이 12사도가 아닐지라도 단순히 고린도 교회에 대하여 사도적 역사를 하여 사도임을 분명히 나타냈다. 이 말씀은 사도 시대는 끝나도 사도적 은사가 있음을 시사한 말씀이라 볼 수 있다. 사도적 은사는 개척의 능력, 교회 설립의 능력 은사임을 보인 것이라 할 수 있다. 오늘날처럼 더한 층 이 사도의 은사가 절실한 시대는 없다. 주를 알지 못하고 방황하는 수억의 영혼들이 이 은사자를 부르고 있기 때문이다 (행16 : 9-10). 하나님은 이 인간의 요구를 지금도 듣고 계시기 때문이다.

제 3 장

예언의 은사

1. 예언의 은사란 무엇인가? (고전12 : 10)

예언의 은사는 높은 순위를 차지하고 있다. 고린도전서 12장 28절에 "첫째는 사도요 둘째는 선지자요"라 하여 사도 다음의 위치에 두었다. 사도들은 교회를 세우고 선지자들은 교회를 바로 잡아 가르치고 이끌어 갔다(엡2 : 20). 사도 베드로는 오순절 성령 강림 후 이 예언으로 많은 사람을 주께로 돌아오게 했고 바울과 그 동역자들은 전도 여행 때 이 은사를 사용하여 복음을 전했다. 사도 시대도 선지자들이 상당히 있었고 곳곳에서 예언의 은사가 나타났다. 구약 선지자들과 같은 성질의 선지자가 아니기는 하지만 확실히 선지자들이라는 호칭으로 불려진 사람들이 많았다.

예루살렘 교회 선지자들 (행11 : 27)
안디옥 교회 선지자들 (행13 : 1)
에베소 교회 선지자들 (엡2 : 20, 행19 : 6, 엡4 : 11)
고린도 교회 예언자들 (고전12 : 10, 28 14 : 1, 28)
데살로니가 교회 예언자들 (살전5 : 29)

특히 빌립 집사의 네 딸이 예언하는 자였던 것은 특기할 일이다. 사도 베드로는 **성령** 강림을 이상히 여기는 대중에게 요엘 선지의 말씀을 인용하여 말하였다. "말세에 내가 내 영으로 모든 육체에게 부어 주리니 너희의 자녀들은 예언할 것이요, 너희의 젊은이들은 환상을 보고 너희의 늙은 이들은 꿈을 꾸리라 그 때에 내가 내 영으로 내 남종과 여종들에게 부어 주리니 저희가 예언할 것이요"라 하여 예언은 성령 강림으로 강하게 보편화된 은사임을 말했다.

(1) 선지자적 (예언) 은사의 뜻

오늘날 선지자는 없다. 그러나 선지자적 은사인 예언 은사는 분명 존재하고 또 존재해야 된다. 예언 은사는 없은 때가 없었다. 노아 때부터 율법 시대 (민11 : 29)를 거쳐 왕정 시대, 선지자 시대는 물론 신약 시대에도 있었고 현대에 이르기까지 사람들은 예언의 은사를 사용해 왔다. 그런데 말세인 지금 이 혼탁한 시대에 이 은사가 없을 수 있겠는가? 성경이 완성된 현대라 할지라도 사람들의 부패와 타락을 향해 외칠 선지자적 은사는 존재해야 된다고 본다. 요엘 선지는 이것을 예언했다. 다만 신약시대 예언은 구약시대 예언과 달리 교회의 덕을 세우는 목회적인 성질의 예언이라는 것이다. 지금의 예언 은사가 전혀 미래를 예시하는 일이 없는 것은 아니지만 그것은 하나의 조그마한 부분이고, 예언 은사의 전체적인 의미는 하나님의 메시지를 대언하는 하나님의 대변의 은사라 할 수 있다. 즉 성경 외의 예언을 하는 것이 아니라 성경의 말씀으로 현대의 상황에 바르게 선포하도록 성령이 능력을 주시는 은사이다. 그러므로 지금의 어떤 예언이라 할지라도 성경과 동등시될 수 없고 성경의 판단과 분별을 받아 마땅하다. 예언의 은사를 요약해서 정리하면 하나님과 가까이 사는 사람이 성령의 감동과 영감을 받아 하나님의 마음과 뜻과 생각을 초자연적 능력으로 알아 그 하나님의 메시지를 사람이 알아들을 수 있도록 전하는 은사이다. 신약의 예언은 헬라 원어 '프로페테이야'로 장래일을 말함보다 하나님의 말씀을 대언한다는 말이다.

(2) 예언 은사의 성질과 목적

　현대의 예언은 구약적 예언과 달리 목회적인 예언이라고 이미 말한 일이 있다. 교회의 덕을 세우고 성도의 신앙을 바로 잡고 이끌어 주는 데 목적이 있다.

① 덕 세움 (고전 14 : 3)

　고린도전서 14장 3절에 예언의 성질을 "덕을 세우며 권면하며 안위하는 것이요……교회의 덕을 세우나니"라고 하였다. 예언은 사는 믿음을 세워 주고 키워주고 싸매주어 하나님이 원하는 길로 가게 하는 데 목적이 있다. 예언을 듣고 시험에 들게 되고 혼란에 빠지게 되든지 불안에 떨거나 믿음이 넘어지게 되면 참 은사가 아니다.

② 권면 (고전 14 : 3)

　죄있는 자에게 회개를, 그릇된 자에게 의의 길을, 거짓된 자에게 진리의 길을, 불순종의 사람을 순종의 길로, 세속화된 사람을 거룩한 길로 오도록 권면하는 것이다. 예언하는 사람은 영으로 사람들의 숨은 일을 드러내어 바른 길로 인도하니 권면을 받는다.

③ 안위 (고전 14 : 3)

　사람의 마음은 그 영밖에 모른다. 그 영, 그 마음을 아시는 분은 성령이시다. 성령은 인간의 마음을 아시고 위로하신다. 예언 은사는 정확히 인간의 사정을 알고 동정하고 격려, 위로하는 기능을 발휘한다. 미래를 보여주는 위로는 산 위로가 된다. 예언은 그런 의미에서 교회적이며 복음적이야 하고 목회적이어야 한다. 교회의 덕을 세우는 것이 아니고 사사로이 점치는 식의 예언은 미혹의 영의 역사이다. 당장 저지하고 물리쳐야 한다.

　예언 은사는 오늘날 넓은 의미로 볼 때 설교의 영역까지 미친다. 설교자가 예언자적인 혜안이 없으면 참 설교자라 할 수 없다. 하나님의 뜻을 분별 못하고 설교할 수 없기 때문이다. 그러므로 내 영으로 내 남종과 여종에게 부어 주리니 저희가 예언할 것이라 하셨다. 이 말씀은 예언 은사가 사도 시대에 와서 일반화된 것을 뜻하는 말씀이다 (행 2 : 17, 행 19 : 6,

고전12 : 10, 엡4 : 11, 살전5 : 20). 더 많은 사람들에게 산 교훈을 주고, 바르게 살게하여 더 많은 영을 구원코자 하시는 하나님의 뜻인 줄 안다. 오늘날 그 얼마나 많은 영적 지도자 교역자들이 일어났으며, 그 얼마나 많은 부흥사들이 일어나 있는가! 요엘 선지의 예언은 성취되어 있는 것이다. 할렐루야!

(3) 예언의 종류
크게 둘로 나눌 수 있다. 직접 예언과 간접 예언이다.
• 직접예언 : 성령에 사로 잡혀 직접 말로 예언 (신 18 : 18).
• 간접예언: 환상(행27 : 22), 꿈 (행2 : 17), 입신 (고전12 : 1), 투시 (행5), 방언, 통역 등 간접 방법으로 받아 예언.
• 유사예언 : 육감, 영감, 조작, 사탄의 예언 등 (렘23 : 16).
이단들이 다 예언을 받았다고 하는 공통점이 있는 것은 기억해 두어야 한다. 그들 모두가 성경 외의 예언을 하고 있는 것이다.

2. 예언 은사의 실제

(1) 하나님의 뜻을 통찰할 수 있도록 예언적인 영안을 가지고 있어야 한다.
모든 심령과 사면의 내면을 깊이 살필 수 있는 영적 혜안을 항상 가져야 하고, 성령에게 순응할 수 있도록 사로잡혀 있어야 한다. 영이 칼날같이 예민하지 않고는 이 은사는 역사 못한다.

(2) 항상 성결한 심령으로 보존되어야 한다.
거룩한 자에게 거룩한 성령을 말씀하신다. 시기, 질투, 음란, 방탕한 심령이 아니라 할지라도 근심, 걱정, 어둡고 불안한 심령에 하나님은 말씀하시지 않는다. 심령 깊은 곳이 항상 맑고, 밝고, 사랑과 믿음과 희망에 차 있어야 한다. 더러운 곳에 파리가, 향기로운 곳에 벌과 나비가 오듯 더러운 심령에는 사탄이 역사하고 성결된 심령에는 성령이 말씀하신다. 모세, 이사야, 베드로도 다 그 심령이 정화된 후에 계시를 주었고, 아브라함같은 이는 계시를 받고도 그 영이 흐려질 때 근15년간 하나님의 말씀이 그에게 임하지 않았다. 육성이 죽어진 심령에 영성은 눈을 뜨고 귀가 열린다. 영이 높이 발달되지 않고는 영계와 결부될 수 없는 것은 당연하다.

(3) 예언 은사 체험은 그 영의 상태에 따라 다르게 임한다.

모세는 미디안 광야에서, 이사야는 성전에서, 바울은 다메섹 도상에서 분명한 계시를 받았지만 요셉이나 솔로몬 같은 이는 꿈으로, 베드로는 환상으로 계시를 받았다. 다니엘, 바울, 요한은 입신 중에 계시를 받았다. 그것들은 실재같이 분명한 것들이었다. 성령으로 와지는 꿈이나 환상이 보통 꿈이나 환상보다 다른 것은 어떤 것이나 사실과 같이 확실하고 분명하게 나타나지는 것이다. 그리고 어떤 이에게는 직접 하나님의 음성이 영청되는 사람도 있다. 체험 순간 어떤 이는 아무 의식도 없이 예언하는 사람도 있고, 어떤 이는 잠깐 의식을 잃다가 의식을 회복하여 예언하는 이도 있다. 어떤 이는 황홀 상태를 유지하면서 예언하는 사람도 있다.

(4) 입신의 경우 (겔3 : 12, 8 : 31, 1 : 1, 고후12 : 2, 계4 : 1)

입신의 경우도 여러가지로 이루어진다. 어떤 이는 황홀경에 입신하여 계속 말하는 이도 있고, 어떤 이는 입신 후 육이 영에 억압당해 수족은 물론 온몸이 죽은 이처럼 뻣뻣하고 차며 가슴만 약간 뛰는 상태로 누워 있는 사람도 있었다(계1 : 17, 고후12 : 2). 어떤 교회 집회 중에 남편에게 오랜 핍박을 받고도 굳세게 신앙생활을 하고 있던 집사가 입신을 하였다. 입신된 그의 육체는 차디 찼고 굳어버렸다. 두 손을 양쪽으로 펴고 두 다리를 곧게 뻗고 1시간을 누어 있는 것이었다. 도무지 꼼짝을 안하니 성도들이 겁이 나서 흔들고 물을 다 먹여보았다 한다. 그러나 소용이 없었다. 그가 깨어나서 하는 말이 주님의 십자가를 체험했다는 것이다. 그리스도의 영이 압도해 오기 때문에 자신이 십자가에 죽는 체험을 한 것이다. 입신 중 십자가를 지은 것은 성령께서 주의 십자가를 직접 영적으로 체험을 주심이다. 세상이 자기에 대하여 못 박히고 자기도 세상에 대하여 못 박히는 순간이다. 십자가에 못 박히는 순간은 고통이 심했지만 깨어나고 보니 하늘을 나를 것같이 기쁨이 넘치고 평안하다고 하였다.

사람이 영계의 실재를 인식하는 것은 인생 최고의 지식이요, 최대의 희락이다. 확고한 영계의 식견이나 체험이 있으면 소망에 살고 의롭고 선한 생활을 하며 신앙이 절대로 흔들리지 않을 것이다. 입신의 최고 경지의 사람은 성경에는 에스겔 선지 (겔3 : 12)와 사도 바울 (고후12 : 1)과 사도 요한을 들 수 있고, 역사적인 인물로는 썬다싱과 성 스위덴 북 등을 들 수 있다. 썬다싱은 1922년 서장에서 기도 중에 천계에 입신하여 한 달에 8회 이상 입신하였으며, 한 번에 1시간 내지 2시간 주와 함께 하늘의 여러 지역을 보았는데 영계의 영광스러운 상태를 세밀히 생생하게 볼 수 있었고 상상할 수도 없는 빛나고 아름다운 광경을 보았다 하였다. 입신의 즐거움은 그로 하여금 구속자들과의 교제에 영원히 들어가 살고 싶은 갈망을 가지게 하였다고 그의 저서 「영계의 묵시」에 밝혔다. 스위덴 북은 1945년 55세에 영계에 출입하게 되어 84세까지 30년간 영계를 보았는데, 그것을 기록한 것이 그의 저서 「천계와 지옥」이다. 영에 따라 입신 방법도 다르고, 입신 상태도 다르고, 입신 후 보는 경지도 다르고 입신 시간도 다르다. 어떤 이는 차차 감각을 잃어가며 영계로 들어가고, 어떤 이는 발버둥을 치며 손을 떨며 몸부림치며 입신하는 이도 있다. 어떤 이는 먹 구름이 덮이고 어둠이 오면서 입신하는 이도 있다. 어떤 이는 30분, 어떤 이는 1시간 혹은 2시간, 어떤 이는 하루 종일 입신하는 이도 있다. 어떤 이는 자기 영상만 보고 오고, 어떤 이는 자신과 자기 가정을 괴롭히는 악령을 물리치고 오는 이도 있었다. 최고의 경지는 낙원의 영광을 보든지 주님과 만나 대화를 나누는 영광이라 할 수 있다. 나의 집회 인도 중에 그 수를 헤아릴 수 없는 사람들이 입신의 체험을 하는 것을 보았지만 감사한 것은 모두가 체험 후 건전한 신앙생활을 하고 있다는 점이고, 더욱 열심히 변화된 생활로 교회를 봉사하고 있다는 소식이다.

(5) 영음을 듣는 경우

영음을 듣는 경우 외적 청음과 내적 청음이 있다. 외적 청음은 사람의 목소리를 듣듯이 영육이 함께 듣는 청음이다. 모세, 엘리야, 사무엘 같은 이들이 그렇게 들었다. 내적 청음은 그 심령 안에서 듣는 청음이다. 그러나 그것도 짐작이나 자기 추측이나 조작이나 자기 마음의 판단이 아니라 분명하고 생생하게 엄숙히 들리는 확실한 청음이다. 예레미야, 에스겔, 바울같은 이들이 때로 그렇게 들었다.

(6) 예언 말씀에 주시는 언어

짧고 압축적이며 상징적일 때가 많다. 분별과 해설이 바르고 분명해야 하나님의 뜻을 바로 전할 수 있다.

(7) 예언의 내용 (고전14 : 24)

① 지식과 교훈 (고전13 : 2, 14 : 3)
② 권면과 안위 (고전15 : 3)
③ 책망과 판단 (고전14 : 24)
④ 비밀을 드러냄 (고전13 : 2, 14 : 25)
⑤ 미래 예언 (행11 : 27 - 28)

(8) 예언의 처리

① 불길한 예언

주로 조건부 예언이다. 회개하면 어려움이 오지 않는다. 니느웨 성의 회개는 멸망을 면하게 되었다. 멸망이나 환난이 하나님의 뜻이 아니고 바로 잡고 하나님께 돌아오게 하고 구원함에 하나님의 뜻이다. 불길한 예언이라 할지라도 당황하거나 핑계하거나 낙망하거나 원망,변명 말고 회개하고 바로 서는 것이 필요하다.
　②좋은 예언
　　겸손한 마음으로 전달하며 나단 선지와 같이 (삼하12 : 1-11) 둘러서　전하고 직선을 피하라.

(9) 예언의 분별
　①예언 은사는 성령과 성도와의 쌍방 산물인 고로 영이 더 높은 자의 분별을 받아야 한다 (고전14 : 29-31).
　②성경이 예언 분별의 표준이 된다 (사8 : 20).예언은 성경과 동등한 것이 아니다.
　③성취와 증험이 분별의 요건이 된다 (신18 : 21-22).
　④영이 약하거나 맑지 못하거나 사생활이 어둡거나 흐린 사람의 예언은 듣지 말고,.덕을 세우지 못하는 예언은 거절하라.

(10) 예언 은사에 대한 주의
　①멸시 말라 (살전5 : 20).거짓 예언이나 잘못된 예언,마귀 예언, 조작 예언은 거절하라.
　②사모하라 (고전14 : 1).
　③교회와　사람에게　덕을　끼치고 하나님께 영광을 돌리라 (고전14 : 3).
　④질서를 지키라.하나님은 어지러움의 하나님이 아니요 오직 화평의　하나님이시다 (고전14 : 31-32,40).
　⑤제제를 받으라 (고전14 : 32).
　⑥성실함으로 하라 (렘23 : 28).
　⑦믿음의 분수대로 하라(롬12 : 6).은사의　한계를 넘지 말라는 것이다. 예언자는 자기 자신의 관심사를 말해도 안되고,사변에 빠져도 안되고, 거짓을 말해도 안되고, 겁에 질려 주어진 예언을 빼먹어서도 안되고,

하나님께서 주신 그대로 말하는 것이 예언자의 의무이다.
⑧ 하나님의 대언자의 경건을 항상 갖추어라.
⑨ 오용, 남용은 가장 무서운 심판이 기다린다 (렘14 : 14-16).

제 4 장

가르치는 은사

1. 가르치는 은사란 무엇인가?

(1) 가르치는 은사의 의의

① 가르치는 은사의 헬라 원어는 '디다스코' 이다 (롬 12 : 7).

디다스코란 가르친다는 뜻이다. 에베소서 4장11절에는 '디다스칼로스' 즉 교사로 되어 있다. 이 은사는 은사 목록이 있는 에베소서, 고린도전서, 로마서에 다 기록되어 있는 중요한 은사이다. 교회에 가장 유효하고 보편적인 은사이다. 주의 복음을 선언할 뿐 아니라 능력으로 가르치는 은사이다.

② 이 은사는 성령의 능력으로 가르치는 것이다.

어떤 사람은 나면서 타고난 가르치는 재능이 있는 사람이 있다. 그러나 여기서 말하는 것은 그것이 아니다. 물론 타고난 재능도 기초가 되기는 하겠지만 그런 기초가 부족한 사람이라도 능력으로 주어져 역사할 수 있다. 중생한 성도가 성령을 통하여 얻게 되는 은사이기에 초자연적인 힘으로, 효과적으로 진리를 가르치게 되는 것이다. 축복하는 능력이 강하고 성도의 영을 성숙시키는 강한 가르침이다.

③이 은사는 명확한 전달 능력이다.

인간의 교육 수단을 쓰지 않더라도 진리를 명확히 전달할 수 있으면 얼마나 좋을까? 바로 이 은사가 그것이다. 그러나 가르치는 자가 이 은사를 사용하고 또 사용할 때 좋은 교육 기구와 방법을 함께 병용하면 더 잘 가르칠 수 있을 것이다. 예수님도 말씀으로만 가르치실 때도 많았지만 항상 실제 사건을 이용하여 제자들을 가르쳤다. 오병이어로 오천 명을 먹이셔서 주님께서 생명의 떡이심을 가르치셨고, 소경의 눈을 열어 주셔서 주께서 세상의 빛이 되심을 선포하셨다. 주님은 제자들의 발을 씻어 주시며 모범을 보여 섬김의 도를 가르치셨다. 오늘날 많은 교육 기구가 개발되고 교육 기술도 개발되었다. 가르치는 은사자가 이런 것을 사용할 필요는 있지만, 그것에 너무 의지하는 것은 은사를 땅에 묻는 결과가 올까 염려된다.

④실제 생활에 실용 적응케 하는 능력이다.

허공을 치는 교육이 되서는 안된다. 성서적인 가르침이 곧 생활에 실천되게 하는 것이 무엇보다도 필요하다. 이 은사는 이 실천에 결정적인 영향을 주는 능력이기도 하다.

(2) 가르치는 은사의 목적

가르치는 은사의 목적은 성도의 영을 성숙시키고 교회의 발전을 이룩하는데 있다. 세상 재능은 어디서든 적용하여 가르치지만 이 은사는 성서적인 교육에만 사용한다. 교회에 생기를 불어 넣고 생동적으로 역사하게 하고 발전하게 하는 데 사용되야 한다(딤전4 : 13-16). 사도들은 이 가르치는 일을 무엇보다도 중요시하였다. 사도들은 옥에 갇히는 어려움 중에도 위협을 이기고 가르치는 일을 계속하였다(행4 : 18, 5 : 21-25). 사도들은 가르치는 일을 쉬지 않았다 (행5 : 42).

2. 가르치는 은사의 실제

(1) 가르치는 은사의 활용

① 가르치는 은사는 다양하게 역사한다.

유치부, 유년부, 청소년, 대학생, 장년, 개인지도, 매스커뮤니케이션 통한 교육, 음악, 연극을 통한 교육 등 다양한 부분으로 나타난다.

② 가르치는 은사는 전문적으로 역사한다.

자기 은사의 분야를 깨달을 때 그 분야에 대한 교육 자료를 많은 시간 꾸준히 연구하고 준비해야 된다. 아무리 가르치는 은사가 있다 해도 전문 지식이 없으면 가르칠 수 없는 것이 다른 은사와 다른 점이다.

③ 교육에 도움이 되는 보조 기구를 사용할 수 있다.

환등기, 영화, 비디오, 카셋트, 차트, 괘도 등을 사용한다 해서 믿음이 약하거나 은사가 약한 것은 아니다.

④ 이 은사자는 인내심을 가지고 가르쳐야 한다 (딤후4 : 2).

⑤ 가르치는 은사는 다른 은사를 더욱 빛나게 하고 겸전 은사가 될 때 더욱 능하고 효과있게 일할 수 있게 된다.

⑥ 가르친 것에 책임을 지라.

(2) 가르치는 자에게 대한 성도의 태도

① 존경 (딤전5 : 17).
② 저희 믿음을 본받을 것 (히13 : 7).
③ 순종과 복종 (히13 : 17).
④ 즐거움으로 가르치게 하라 (히13 : 17).
⑤ 좋은 것을 함께 하라 (갈6 : 6).

잘 가르치는 사람은 진리를 깨닫는 기쁨이 있고 가르치는 기쁨과 가르치는 효과의 기쁨을 얻는다. 잘 가르치는 자는 천국에서 크다 일컬음을 받는다 (마5 : 19).

제 5 장

목사의 은사

1. 목사 은사의 사명 (엡 4 : 11)

(1) 목사 은사의 의의

오늘날 교회에서는 목사라 하면 보편적으로 은사보다는 직분을 생각하지만 성경이 기록되던 당시에는 목사직이 없었기 때문에 은사의 명으로 인식되었다. 이 명사의 성경 원어 '포이메나스'는 목자들이라는 뜻으로 목사의 은사는 하나님의 양들을 인도하고 먹이고 보호하는 역할을 하는 사역을 말한다. 양떼를 양육하자면 그 영역에 기능이 있어야 하는 것처럼 하나님의 양무리를 양육하는 데도 그 영역에 특별한 재능이 필요하다. 그 영적 재능이 바로 이 은사이다. 이 방면은 원한다고 되는 것도 아니고 애쓴다고 되는 것도 아니다. 다양한 이 사명을 이루기 위해서는 사람의 지식과 노력도 필요하지만 절대적으로 긴요한 것은 은사이다.

(2) 목사 은사의 목적

이 은사는 전문적인 은사로 자신의 전 생애를 바쳐 이루는 희생적인 은사이다. 자기를 위해 살지 않고 오직 하나님의 영광을 위해 양무리를 돌보는 은사이다. 하나님 섬김에 앞장을 서고 세상에 복음을 전하며 성도를 양육하고 인도하고 다스리고 치료하고 보호하고 권면하고 돕고 악의 세력을 막고 남을 불쌍히 여기는, 그리스도의 몸을 세우는 은사이다.

2. 목사 은사의 실제

(1) 인도의 역사(役事) (시23 : 2)

목자는 양을 인도한다. 양은 지능 지수가 형편 없다. 어디에 먹을 것이 있는지, 어디에 무서운 짐승이 웅크리고 있는지, 어디에 물이 있는지 모르고 울기만 한다. 자기 집도 제대로 못 찾는 짐승이 양이다. 이런 양이 행복하게 사는 것은 목자가 있기 때문이다. 성도들도 어린 양과 같은 점이 있는지 모른다. 영적으로 볼 때 너무나 모르는 것이 많다. 그리고 세상살이에 바빠 성경을 볼 시간이 적다. 이런 사람에게 전문적인 은사자가 필요하다. 목사의 은사자는 영의 밝은 빛으로 저들의 영을 인도할 것이다. 푸른 초장으로, 잔잔한 시내 물가로 인도할 것이다. 고린도전서 4장15-16절에 "그리스도 안에서 일만 스승이 있으되 아비는 많지 아니하니 그리스도 예수 안에서 복음으로써 내가 너희를 낳았음이라 그러므로 내가 너희에게 권하노니 너희는 나를 본 받는 자가 되라" 하였다. 스승은 자기의 유익을 구하고 그만큼 책임감 없이 제자들을 인도할 수 있지만 아비는 그렇지 않다. 자녀를 위해 자기 자신을 희생하고 모든 것을 들여 인도한다. 때로는 채찍을 들고 때로는 눈물을 흘리면서 이 일을 한다. 목사 은사는 바로 아비의 마음을 성령이 주셔서 하나님의 양무리를 치게 하심이다. 목사가 성도에 대해 아비의 마음이 없다면 목사의 은사도 없는 무능하고 무책임한 삯군 목사가 아닌가, 자기를 의심해볼 필요가 있다. 목사 은사자가 양무리를 인도하자면 먼저 자기 자신의 영이 밝아야 한다. 소경이 소경을 인도하면 둘 다

구덩이에 빠진다. 그러기 위해 목사는 3방이 있어야 한다. "글방, 골방, 심방". 글방으로 말씀에 밝고, 골방으로 영력이 강하고, 심방으로 성도의 상태를 바로 알아야 한다. 이 삼방 중 제일 귀한 것은 골방이다. 루터는 바쁠수록 기도를 더 많이 했다 한다. 루터는 "내가 평상시에는 하루에 한 시간씩 했으나 지금 대단히 바쁘므로 두 시간을 기도한다" 하였다 한다. 이것은 바쁘므로 기도를 중지하는 것이 아니라 일이 많아 기쁘니 배의 능력을 얻고자 배의 기도를 한다는 것이다. 누구나 이런 정신을 가지면 영력은 만점일 것이다. "그가 자기 양의 이름을 각각 불러 인도하여 내느니라"(요10 : 3).

(2) 양육의 역사 (벧전5 : 2)

목자의 중요한 임무는 양들로 하여금 배부르게 먹이는 데 있다. 예수님은 부활 후에 디베랴 바닷가에서 사도 베드로에게 사명을 다짐하실 때 내 양을 먹이라 하셔서 목사의 은사는 성도의 심령을 살찌게 먹이는 데 있음을 지적하셨다. "그 집 사람을 맡아 때를 따라 양식을 나눠줄 자가 누군가"(마24 : 45), "주인이 올 때에 그 종의 이렇게 하는 것을 보면 그 종이 복이 있으리로다"(마24 : 45) 하여 이 은사에 있어서 양육의 중요성을 주님은 가르쳐 주셨다. 사도 바울도 아첨의 말이나 탐심이나 자기의 영광을 구하지 않고 유모가 자기 자녀를 기름과 같이 양육하고 목숨까지 주기를 즐거워하였다고 하여 양육의 의미를 깊게 했다(살전2 : 7). 유모가 남의 자녀가 아니고 자기 자녀를 기를 때 사랑과 정성으로 아낌없이 먹인다. 목숨이라도 주고픈 마음이 어미 마음이다. 그 젖에 따라 유아의 성장이 달렸다. 그렇다. 영적인 영역에서 하나님의 양무리에게 하나님의 말씀을 먹이는 임무 이상 귀한 것은 없는 것이다. 거기에 성도의 성장이 달린 것이다. 이 은사는 이 영적인 양식을 풍부하게 하는 은사이며 어미와 같은 마음으로 먹이게 하는 영감의 은사이다.

스펄전 목사는 주일 설교를 1개월 이상 미리 계획을 세운 일이 없다

한다. 성령의 인도하심을 받는 설교를 하기 위해서였다. 어느날 그의 설교가 잘 한다는 명성을 듣고 어떤 젊은 교역자가 저녁 집회에 그 담임 교회를 찾아 갔었다. 그런데 그 날 비가 억수같이 쏟아져 성도는 몇 명 오지 않았는데도 어찌나 열심히 명설교를 하던지 그 청년이 물었다. 교인도 몇 명 안 되는데 왜 그렇게 열심히 그 훌륭한 설교를 합니까? 그 물음에 스펄전 목사는 대답을 않고, 그 다음날 그 청년을 깊은 산골짜기로 데려가서 사철 끝없이 솟아나는 옹달샘을 보여 주면서 설교는 청중이 많든 적든 이렇게 솟아나야 한다고 했다. 한 사람의 생명이라도 천하보다 귀하게 알고 양육해야 할 것이다. 그도 귀한 하나님의 아들이기 때문이다.

(3) 치료의 역사 (약5 : 15 - 16, 계3 : 18)

양은 병에 약하다. 병 들 때 그 생명이 목자에게 달렸다. 목자는 재빠른 치료로 생명을 구하되 제 자식같이 한다. 목사가 병든 심령을 치료하는 일은 생명에 관한 문제이니 긴요하다. 재빠른 치료를 하지 않으면 후에 어떤 대책도 소용이 없다. 성도 중에는 가지가지 영적 병이 든 자가 있다. 의심 병, 실망 병, 근심 병, 태만 병, 고민 병, 기도 안하는 병, 시기 질투 불만 병, 죄 병, 이단 병, 실로 이루 헤아릴 수 없다. 치료는 용의 주도하여 실수가 없어야 한다. 병든 심령은 믿음이 약하여 오해하기 쉽기 때문이다.

사도 바울은 이단 병이 든 갈라디아 교인들의 심령 치료를 위하여 산모의 고통을 다한다 하였다(갈4 : 19). 산모는 아이의 해산을 위하여 자기의 생명을 건다. 자기는 죽더라도 아이만은 낳기를 바라는 마음이 참 산모의 마음이다. 산모같이 병든 영을 위해 생명 걸고 기도하고 애쓴다면 반드시 치료되리라. 히브리서 13장17절에는 병든 심령을 위해 경성하기를 회개할 자같이 한다 하였다. 즉 이 말은 목자들이 양을 위해 깨어 지킬 때는 불침 당번 목자같이 경성함으로 지키고, 성도들이 범죄할 때는 자기가 범죄한 것처럼 아파하여 올바른 길로 인도하려고 애쓴다는 것이다. 회개할 자같이 하면 치료 안될 심령 병이 없으리라.

(4) 보호의 역사 (요10 : 11 – 15)

    양은 다른 짐승과 달리 자기 보호의 기능도 약하다. 뾰쪽한 뿔도, 날카로운 이도, 매서운 성질도, 날랜 발걸음도, 할퀼 발톱도 없다. 으르렁댈 목청도 없다. 양의 안전은 목자의 보호뿐이다. 목자들은 생명을 걸고 양을 지킨다(삼상17 : 34 – 37). 마찬가지로 목사의 은사는 양들의 영을 지키는 파수군이다. 사도행전 21장28절에 "너희는 자기를 위하여 또는 온 양떼를 위하여 삼가라 성령이 저들 가운데 너희로 감독자로 삼고 하나님이 자기 피로 사신 교회를 치게 하셨느니라"하여 양떼를 지키는 일도 중요한 것임을 말씀하셨다. 양을 지키는 것은 보이는 동물이니만치 쉽지만 영을 보호한다는 것은 쉽지 않다. 말씀으로 사탄을 물리치고, 말씀으로 울타리를 치고, 말씀으로 마음들을 굳게 잡아야 한다. 성령과 은혜와 말씀으로 양들을 든든히 지킬 수 있어야 한다 (행21 : 32).

제 6 장

복음전도의 은사

1. 복음 전도 은사의 의의

　가르치는 은사가 이미 믿는 사람에게 말씀을 가르치는 사역인데 반해 복음 전도의 은사는 믿지 아니하는 사람에게 효율적으로 복음을 전하는 사역이다. 우리는 불신자들에게 복음을 전하는 일이 쉽게 성공을 못 거둔다는 것을 안다. 여기에 복음 전도 은사의 필요성을 느낀다. 성령의 특별한 능력이 없이는 이 일을 이룰 수 없기 때문이다. 하루에 3,000명 5,000명을 전도하여 구원한 베드로를 위시해서 온 구라파를 복음화한 바울은 물론, 교육이라고는 못 받았으면서도 수백만의 사람들을 주께로 인도한 무디, 그리고 현대의 가장 놀라운 세계적인 전도자 빌리 그래함에 이르기까지 이 은사는 줄기차게 인간의 영혼을 흔들어 왔다. 그러나 이렇게 유명한 전도자들만이 이 은사자가 아니다. 오늘날의 교회 안에서도 이 은사자들이 허다하다. 성령론의 권위자 레슬리 비풀린 박사는 어떤 경우, 어떤 교회는 전 교인의 반이 이 은사자인 것을 발견할 수 있었다 한다. 성도이면 누구나 복음을 전할 의무가 있지만 이것이 은사인 것은 특수한 역사로 강력한 전도를 하여 더 많은 사람의 영혼을 얻고자 하시는 하나님의 주권적인 목적이 있는 것이다. 이 은사는 다양한 형태가 있다고 할 수 있다. 그 대략적인 것을 들어보자. 집회 대중 전도, 개인 전도, 문서 전도, 공공 단체 전도, 의료 선교, 시청각 전도, 방송 전도, 교도소 전도, 예술을 통한 전도, 노방 전도 등이 있다.

2. 복음 전도 은사의 실제

(1) 어떻게 이 은사를 받는가 ? (고전 9 : 16)

이 은사는 사명에 심령이 뜨거워짐으로 시작된다. 무디의 처음 열심은 사람들을 주일학교에 참석시키는 데 있었다. 그는 사람의 수자를 증가시키는 데 전력을 다해 1500명까지 도달시켰으나 회심한 사람은 없고 영적 수확이 없었다. 그는 그와 함께 일하던 교회학교 교사로부터 영의 일깨움을 받고 사라질 수 없는 영의 불길에 자신을 맡기고 그 일생을 전도 은사 사역에 맡겨 역사 이래로 최다의 사람을 주 앞에 인도하는 사람이 되었다. 영혼 구원에 불타는 정열로 이 은사를 주신다. 예레미야가 가슴이 불붙는 것 같아 전도하지 않을 수 없었고 바울은 빚진 것같은 느낌으로 전하지 않으면 화가 있을 것으로 알고 전도 은사의 역사를 순교 때까지 하였다. 하나님은 사명감을 주시고 담대함을 주시고 능력을 주어 이 은사를 역사하게 하신다. 사도 바울의 말이 어둔하였던 것처럼 무디도 혀가 짧아 말이 어둔하고 더듬거렸고 무식했다 한다. 그러나 그에게 하나님의 이 능력이 임할 때 아무도 그를 당해 낼 재주가 없었다 한다. 이 은사는 말에 있지 않고 능력에 있는 것이다. 지혜에 있지 않고 능력에 있는 것이다(고전2 : 1-5).

(2) 복음의 체험 (롬1 : 16)

복음 전도는 감정과 능력만으로 되는 것이 아니다. 복음을 전도는 것이니 복음 전도자가 복음에 대한 자신의 체험이 없이는 복음을 전할 수 없다. 하나님의 아들 예수 그리스도께서 십자가 위에서 나를 위해 죽으시고 장사 지냈고 삼 일만에 부활하사 승천하셨는데 내가 주 예수를 구주로 받아들여 사죄받고 의롭게 되고 하나님의 자녀가 되었다. 그것은 율법의 행위가 아니라 그리스도를 믿음으로 된다. 믿어서 과거의 죄 용서받고, 믿어서 현재의 강건함 얻고, 믿어 미래 하늘 소망에 산다. 이것이 복음이다. 복음 전도의 은사는 확신에 기초한 바르고 설득력이 있는 신앙고백이 있어야 한다. 그것이 자기를 구원한 체험에 선 말씀이 되야 효과적인 인간 회심을 가져올 수 있는 것이다. 무디가 전한 메시지나 빌리 그래함이 전한 말씀의 메시지를 보아도 그 메시지가 얼마나 복음적이고 확신에 차 있으며 긴박감과 스릴이 있는 말씀인가를 쉽게 깨달을 수 있다. 복음 전도의 은사자는 자기로서 독특히 받은 말씀, 실질적인 말씀을 가진다는 것이 사명을 이루는 데 지름길이 된다.

(3) 능력있는 전도(행1 : 37 - 41)

이 은사는 효과적으로 복음을 선포하는 은사이다. 마음을 흔들어 자기가 신봉하던 미신이나 타 종교를 포기하고 개종시킨다는 것은 쉽지않다. 그렇기 때문에 여기에 긍정적인 반응을 가져올 충실하고 권세있는 복음 선포가 필요한 것이다. 그것은 성령으로 말씀의 불을 뿜는 통쾌하고도 확신에 넘치는 설교가 되어야 하고, 사람의 심령이 퍽퍽 꼬꾸라질 수 있는 강력하고 능력적인 전도가 되야함은 물론이다. 그러기 위해 많은 기도의 준비가 필요하고 능력을 받아야 하고 많은 성도의 기도의 후원이 항상 따라야 한다.

(4) 결신의 촉구(롬10 : 9 - 10)

말씀 선포 후 결신의 시간은 중요한 계기가 준다. 복음이 회중에게 전파되고 말씀이 회중의 심령을 움직여 놓았을 때 그 성령의 역사를 외적으로 표현할 수 있는 기회를 주는 것은 중요하다. 그것은 그 일생에 획기적인 기회가 되어 하나님을 향하는 출발점이 되는 역사를 성령께서 확실히 사람의 심령에 하실 수 있는 기회가 된다. 그것은 하나님을 사람이 믿는다는 것을 행동으로 시인하는 일이다. 곧 그리스도를 증언하는 행위이다. 이 일은 자신에게 의지적 확정을 주고 남에게 격려를 주고 하나님께 영광을 돌리는 행위가 된다. 이렇게 결신한 사람은 결실이 빠르다. 어떤 목사는 빌리 그래함 목사의 집회를 참석해 보고 자기도 예배 후에 실천해 봤더니 놀라웁게도 32명이 앞으로 나와 결신했다고 한다. 전도를 확실하게 하는 것은 하나님의 뜻이다.

(5) 보냄을 받는 곳 (행 8 : 26, 16 : 6 - 10)

어디에 가서 전도할 것인가? 주님께서 부르시는 곳은 어디든지 갈 수 있어야 한다. 하나님의 뜻을 따라 갈 것이다. 빌립은 사마리아 성에서 전도에 성공했으나 하나님의 부르심을 따라 한 사람 에디오피아 내시를 구원하기 위해 광야인 가사로 내려갔다. 사도 바울도 성령의 인도하심 따라 자기의 계획된 노정을 포기하고 성령의 인도하심 따라 바다 건너 마게도니아 땅에 가서 복음을 전했다. 요나는 하나님의 부르심을 저버리고 니느웨로 안 가고 다시스로 가다가 죽을 뻔 하였다.

이 은사는 성령에 순응할 때 강해지고 거역할 때 소멸해 간다. 사람에 맞고, 때에 맞으며, 능력에 맞는 하나님의 보내심은 언제나 그치지 않으신다.

제 7 장

치리의 은사

1. 치리 은사의 사명

(1) 치리 은사의 의의 (고전 12 : 28, 롬 12 : 8)

치리 은사는 은사 명으로는 다스리는 은사요, 직분 명으로는 장로로 되어 있다. 이 은사의 명의는 특별한 의미를 내포하고 있다. 고린도전서 12장 28절에 다스린다는 말의 원어 '퀴베르네세이스'는 기장 또는 선장이라는 뜻으로도 해석되는 말이요, 데살로니가전서 5장 12절, 로마서 12장 8절을 보면 '프로이스타메노이'로 되어 있는데 이 말은 다스린다, 앞에 서다, 또는 이끌어 인도하다라는 의미가 있다. 다스리는 은사란 배의 선장과 비행기의 기장과 같이 한 교회의 성도들을 이끌어 인도하고 다스리며 통솔해 가는 영적 재능을 가리키는 것이다. 교회의 부흥 발전에 있어서 제일 중요한 것은 그 다스리는 자의 능력이다.

현대 교회에서 다스리는 자는 두 직분이 있다. 즉 치리권이 있는 직분은 목사와 장로이다. 이들이 과연 어떻게 다스려 나가느냐에 따라 교회의 부흥이 좌우된다. 기장이 비행기를 잘못 운전하면 손님이 고생을 하고 선장이 배를 잘못 운전하면 파선할 수도 있듯이, 교회의 치리

자가 잘못 다스리면 성도가 영적인 고통을 당할 수도 있고 파멸에 이를 수도 있으며, 잘 다스리면 교회가 크게 부흥하게도 된다. 그래서 잘 다스리는 장로를 배나 존경하라고 하였다. 그러나 다스리는 은사는 넓은 의미로, 목사, 장로만 국한된 것이 아니라 모든 단체의 지도자들이 반드시 받아야 할 은사인 것이다. 하나님의 사업을 하는 단체는 하나, 둘이 아니다. 교회 안의 단체는 물론 교회 밖에도 양로원, 유아원, 학교, 병원, 기도원, 수양관, 수양회 등 이루 말할 수 없다. 모든 단체의 지도자들이 이 은사를 받아 그들이 많은 일을 한다면, 하나님 사업은 놀라울 정도로 크게 발전해 갈 것이 분명하다. 그러나 그런 사업을 하는 사람들 중에서 어느 정도의 사람이 이 은사를 사모하고 있는가?

(2) 치리 은사의 목적

믿음의 은사가 교회 성장의 추진력이라면 다스리는 은사는 그 방법에 대한 은사라 할 수 있다. 미래를 위한 하나님의 목적과 일치하는 목표들을 설정하고 이 목표를 이루기 위해 사람들과 사업을 잘 이끌어 가게 하는 데 목적이 있다. 어떤 수단이나 위압이 아니라도 사람들이 따르고 협력케 하는 이 은사는 지도자이면 누구나 필요하다. 사도 바울은 이 다스리는 은사를 받은 자들을 각 교회에 감독자로 삼고 다스리게 하였다. 다스림의 은사는 비유컨데 상점의 점원이 아니고 사업의 경영자와 같은 운영의 은사인 것이다. 솔로몬이 그 백성을 다스리는 은사를 하나님께 받았듯이 교회의 지도자들은 교회를 다스리는 재능인 다스리는 은사를 받아야 한다.

2. 치리 은사의 실제

(1) 3도(導)의 은사

① 성도의 영적 감독자로(행20 : 28) 선도하고,
② 성도의 영적 교사로(딛1 : 9) 지도하며,

③ 성도의 영적 목자로(벧전5:2) 인도해야 된다.

(2) 3범(範)의 은사

모범, 수범, 시범으로 먼저 성도를 이끌 수 있게 된다.
① 영적 생활에 모범(벧전5:3)
② 품행에 모범(딛1:6)
③ 가정 생활에 모범(딛1:6)
④ 경제 생활의 모범(딛1:7)
⑤ 선행에 모범(딛1:8-9)
⑥ 성격상 모범(딤전3:2-3)

교회 생활은 물론이거니와 가정생활과 사회생활에 이르기까지 3범의 (모범, 수범, 시범) 은사가 있어야 한다.

(3) 3치(治)의 은사

① 자기를 다스리는 능력(잠16:32, 행20:28),
② 가정을 다스리는 능력(딤전3:4),
③ 교회를 잘 다스리는 능력(딤전5:17)을 발휘한다.

지혜로 계획하고 조직하고, 부지런함으로 지도·선도하고 성실함으로 관리 통할하고, 겸손함으로 주를 섬긴다. 교향악의 지휘자와 같이 온 교우가 하나의 하모니를 이룰 수 있도록 이끌어 가는 은사이다. 이 은사자는 건축의 감독자와 같이, 영화의 감독자와 같이 성도들에게 제 역할을 다하도록 이끌어 나가는 것이다.

(4) 3호(護)의 은사

① 성도의 대변자로 성도를 옹호하고(행15:6),
② 성도의 영적 의사로 간호하고(약 5:14),
③ 성도의 영적 아비로 보호한다(요 6:39).

(5) **3협(協)의 은사**

지도자는 따르는 사람이 없으면 다스리는 기능이 소용 없다. 그 따르는 사람이 자발적인 협심, 협력, 협동 역사가 있어야 한다. 그러므로 이 은사는 협동하게 하는 능력이기도 하다. 협동하여 하나님께 선을 이루는 은사인 것이다. 그러므로 다스리는 은사자는 스스로 협심, 협동, 협력의 기수가 돼야 한다.

(6) **이 은사자의 자세**
 ① 자원함으로(벧전5:2),
 ② 즐거움으로(벧전5:2),
 ③ 본을 끼쳐(벧전5:2),
 ④ 부지런함으로(롬12:8).

(7) **이 은사자에 대한 성도의 할 일**
 ① 존경(벧전5:17),
 ② 순종(벧전5:5).

(8) **다스리는 은자의 영광**
 ① 시들지 아니하는 영광의 면류관(벧전5:4),
 ② 금 면류관(계4:4),
 ③ 성도의 존경(딤전5:17),
 ④ 천국의 신령한 복(계5:11-14).

제 8 장

권위의 은사

1. 권위 은사의 사명

(1) 권위 은사의 의의

　헬라어로 '파라카레오인'의 뜻은 위로하다, 위안을 주다, 간청하다, 간구하다, 애원하다, 충고하다라는 뜻이다. 헬라어 명사로는 '파라카레토스'가 있는데, 요한복음 16장11절에는 성령님을 보혜사로 말하고 있고, 요한일서 2장1절에는 예수 그리스도께서 죄 지은 자의 대언자로 하나님 앞에 계신다고 하였다. 권위의 은사란 본질적으로 격려하는 은사이다. 약자를 도와주고 신앙을 강건하게 하며 방황하는 자에게 용기를 주고, 시달린 심령에 안정을 주고, 병과 어려움과 슬픈 자에게 위안을 주고 잘못된 길로 가는 자를 바로 잡고, 죄에 빠진 자를 구출해 주고 다시 일으키며 성도를 살피고 보호하고, 불신자에게 복음을 전하는 초자연적인 능력이다. 이 은사는 은혜로운 은사이다. 이 은사는 책망보다는 위로와 격려를 하는, 동정과 눈물로 도와주는 사랑의 은사이다. 어려움 중에 있는 상대의 입장이 되어 함께 슬퍼하는 그리스도의 사랑을 나누는 은혜로운 은사이다. 권위하는 일은 성도이면 누구나 할 수 있고 또 하게 된다. 권위의 은사란 그저 권위하는 일이 아니고 능력으로 권위하여 사람들에게 놀라운 위로와 새 힘을 줄 수 있는 은사이다. 사람의 힘이 아니고 성령의 힘으로, 성령의 뜨거움으로 하는 것이니 샘 솟듯 하는 안위와 효과적인 격려가 주어질 수 있다.

(2) 권위 은사자의 4험 생활

권위 은사자는 아무나 될 수 있는 것이 아니다. 무엇보다 권위할 수 있는 준비가 있는 사람만이 이 은사를 사용할 수 있다. 그리고 이 은사를 사용할 수 있는 존경의 대상이 되어야 더욱 효과를 거둘 수 있는 것이다.

① 무흠의 생활 (딤전5 : 7-9, 딤전3 : 2, 딛1 : 6)

사람이 하나님 앞에 흠이 없는 사람이 어디 있으랴? 그러나 사람 앞에, 교회 앞에 책망할 것이 없고 가정적으로 무흠하면 된다. 소경이 소경을 인도할 수는 없다. 이런 무흠자가 이 은사를 사용할 때 은사가 더욱 빛나게 효과를 거둘 수 있다. 하나님은 이런 사람을 즐겨 쓰신다. 사도 바울은 양심이 깨끗한 사람이었다. 사도행전 20장33절에 "내가 아무의 은이나 금이나 의복을 탐하지 아니하였고, 너희 아는 바 이 손으로 나와 내 동행들의 쓰는 것을 당하여 범사에 너희에 모본을 보였으니 곧 이같이 수고하여 약한 사람들을 돕고…"라고 하였다. 사도 바울은 누구에게도 부끄러움이 없는 양심으로 깨끗이 살아서 그 말이 권위가 있었다.

② 증험의 생활 (딤전5 : 10)

권위를 할 수 있는 사람도 선한 행실의 증거가 있고, 나그네를 대접하고, 환란 당한 자를 구제하여 모든 선한 일을 좇는 자라야 한다. 선한 마음과 선한 행실이 있는 사람이어야 하며, 불쌍한 사람에게 물질을 나누어 줄 수 있는 사람이어야 한다. 권위 은사자가 말로만 한다면 위로가 안될 사람도 많다.

③ 경험의 생활 (딤전5 : 9)

어느 정도 나이도 들고 신앙 경력이 있어야 한다는 본다. 사도 베드로는 베드로전서 5장1절에 "너희 중 장로들에게 원하노니 나는 함께 장로된 자요, 그리스도의 고난의 증인이요, 나타날 영광에 참여할 자로다 하여 격려의 말씀을 주셨다. 장로된 자로 장로를 권할 때 그 격려는 힘을 얻을 것이다. 주님께서도 모든 일에 우리와 같이 고난을 받고 우리 연약함을 도우시는 자가 되셨다. "우리에게 있는 제사장은 우리 연약함을 궤휼하지 아니하는 자가 아니요 모든 일에 우리와 한결같이 시험을 받은 자로되 죄는 없으시니라 그러므로 우리가 긍휼하심을 받고 때를 따라 돕는 은혜를 알기 위하여 은혜의 보좌 앞에 담대히 나아갈 것이니라"(히4 : 15 - 16 하셨다.

④ 체험의 생활 (롬5 : 3 - 6, 고후5 : 14 - 15)

하나님의 사랑, 그리스도의 사랑을 영적으로 체험한 자가 권위자가 된다. 그 사랑을 체험한 자, 영적 체험을 한 사람은 누구나를 막론하고 자신을 위해 살지 않고, 자기 위해 죽었다가 사신 주를 위해 살고, 자기 중심으로 살지 않고 남을 위해 사는 권위자가 된다. 하나님은 이런 사람을 사용하여 권위의 역사를 이루신다. 이런 사람들의 체험과 경험 증험이 하나님의 능력에 사용되어 사람의 시련과 비극을 돌보게 될 때 안위가 능력으로 주어져 어려움을 극복케 하고 재기의 힘을 얻게 하는 것이다.

2. 권위 은사의 실제

(1) 권고(眷顧)의 역사 (고전12 : 25, 딤전3 : 5)

권고의 은사자가 제일 중요한 것은 성도의 사정을 아는 일이다. 알지 못하고 아무 위로도 권면도 할 수 없다. 사정을 알기 위해서 돌아보는 것이 중요하다. 베드로전서 5장7절에 "너희 염려를 주께 맡겨버리라 이는 저가 너희를 권고하심이라"하였다. 주님은 성령으로 권고의 역사를 이루시는데 권고자는 주님의 손발과 입이 되어 성도를 돌봐주는 의무가 있다. 성령은 우리 권고자에 권고의 힘을 주신다.

(2) 권위(勸慰)의 역사 (롬12 : 8)

"형제들아 너희에게 권면하노니 규모 없는 자들을 권계하며 마음이 약한 자들을 안위하고 힘이 없는 자들을 붙들어 주며 모든 사람에 대하여 오래 참아라"(살전5 : 14). 사람의 위로는 환란을 당한 사람에게 위로가 되지만 성령의 능력으로 오는 위로는 강력하여 능히 절망한 자에게 얼굴을 들게 하고, 탄식하고 있는 자의 눈에 희망의 빛을 준다. 성령으로 안위하는 말씀은 금보다 귀하다. 곧 하나님의 말씀이 되어 슬픔을 당한 자에게 생의 큰 위로는 물론이거니와 재기의 능력까지도 불어 넣어주는 것이다.

(3) 권면(勸勉)의 역사 (행15 : 30 - 31)

데살로니가전서 2장11절에 "너희도 아는 바와 같이 우리가 너희 각 사람에게 아비가 자기 자녀에게 하듯 권면하고 위로하고 경계하노니 이는 너희를 부르사 자기 나라와 영광에 이르게 하시는 하나님께 합당히 행하게 하려 함이니라"하였다. 교회 안에도 약한 자들이 많다. 몸도 마음도 약한 자가 있기도 하지만, 믿음이 약한 자도 많다. 또 시련과 환란을 당하여 시달림 받는 사람도 많다. 비틀거리고 방황하고 망설이고 흔들리는 사람, 또 주저앉고 넘어져 실망한 사람도 있다. 또 잘못된 길로, 어그러진 길로 나가는 사람도 있다. 이 모든 사람에게 권면은 놀라운 용기, 능력, 안정, 충고를 준다. 권면은 때를 놓치지 말아야 한다. 적기 권면은 효과가 배로 된다. 권면은 때로 눈물로, 때로 우뢰 같은 충고로 할 수 있으나 노하면 열 번 책망하는 것보다 눈물로 한 번 권면이 효과가 큰 것이다. 사도 바울은 에베소 교회에서 밤낮 쉬지 않고 눈물로 삼 년이나 각 사람을 권면하였다(행20 : 31).

그것은 하나님의 사랑이 그 마음에 성령으로 부은 바가(롬5 : 5) 됨으로 할 수 있었던 것으로 본다. 그러므로 권위의 은사자는 사랑이 끓어 넘쳐야 하고 오직 은혜로운 성령의 능력으로 이 일을 해야 한다. 권위의 은사자는 지혜롭게 권고의 임무를 다해야 할 때도 있다. 다윗왕을 바로 잡은 나단 선지를 생각해 보라(삼하12 : 1-14). 그리고 이 권위의 은사는 말로만 되는 것이 아니다. 말과 기도와 물질의 도움과 실제의 문제 해결 등 다양한 방법을 사용하는 것이다. 이 은사는 상급이 클 수 밖에 없는 은사이지만 게으를 때 무서운 책망과 벌이 있는 은사이기도 하다(겔3 : 17-21). 보혜사 성령은 안위자, 상담자, 대언자로서 권위하는 은사자를 통하여 지금도 역사하시고 계심을 믿어야 한다.

이 은사는 위에 있는 사람이 밑에 있는 사람에게만 하는 것이 아니다. 때로는 밑에 있는 사람이 위에 있는 사람에게도 한다. 학문이 많고 성경에 능한 아볼로도 평신도 브리스길라와 아굴라의 권면을 듣고 새롭게 목회하여 큰 은혜를 끼칠 수 있었다. 평신도인 이 은사자가 이 은사를 사용하여 목사님의 영혼에 큰 용기를 불어 넣어주는 사람도 있다. 어떤 교회는 목사가 아무리 노력해도 100명 선을 못 넘었다. 그런데 어느날 갑자기 사람이 몰려와 150명 선을 넘었다. 그래서 목사님은 은사자에게 물었다. "당신은 또 다시 이렇게 많은 사람이 나오리라고 생각합니까?" 그 은사자는 "물론입니다. 매 주일마다 이렇게 나오리라 생각합니다"하였다. 주저했던 목사는 용기를 얻어서 그의 노력을 두 배나 더해 이제 400명이 모이는 교회를 이루었다 한다.

(4) 권도(勸道)의 역사 (마18 : 14)

교회 안에도 잃은 양이 있고 성도의 가정에도 잃은 양이 있다. 이들에게 바른 도를 전하는 일은 중요하다. 때를 얻든지 못 얻든지 말씀을 전해야 한다. 권위의 은사자는 사람의 말보다는 하나님의 말씀으로 권해야 되는 것을 잊지 말아야 한다(벧전4 : 11). 그러므로 권위자는 항상 성경을 상고하고 늘 기도하여 하나님의 뜻을 알며 하나님의 마음을 가지는 일에 게을러서는 안된다.

(5) 권위의 은사자의 주의할 점
   ① 은사를 사욕에 사용하지 말고,
   ② 성령에 순응하며,
   ③ 교만을 버리라.
   ④ 목회자에게 순종 협조하라.
   ⑤ 권위는 권위로 끝나라. 다투지도, 노엽게도 말라.

제 9 장

섬기는 은사

1. 섬기는 은사의 사명

본문 : 로마서 12장7절, 고린도전서 12장28절, 누가복음 8장3절.

(1) 섬기는 은사란 무엇인가?

섬긴다는 말 뜻은 "모시어 받든다 이다. 섬긴다는 성경 원어 '디아코니아'는 어려움에 처한 불쌍한 사람을 돕는다는 그런 뜻이 아니고 자기보다 높은 분을 모시어 받든다는 의미가 있는 말이다. 즉 하나님을 섬기고, 성직자들을 섬기는 일을 말한다. 영적 사역자들의 어려운 문제들을 덜어주며 힘과 용기를 북돋아줌으로써 주의 일을 더욱 능률적이요 효과적으로 할 수 있게 돕는 은사이다. 성령의 역사로 그 마음이 움직여지고 능력이 생겨 힘써 섬기고 기쁨으로 섬길 수 있는 간접적인 선교 은사이다.

(2) 이 은사의 목적

이 은사는 지도자적인 사역은 아니고 지도자를 돕고 섬기는 보조적인 후원 은사이다. 총을 직접 든 전방 병사가 아니고 후방의 보급대와 같은 것이다. 영적 지도자의 잡다한 여러 일이나 세속 업무에 매이지 않고 영적 일에만 우선하여 집중적으로 일하도록 돕는 데 목적이 있다. 즉 이 은사의 궁극적인 목적은 영적 지도자를 강하게 하는 데 있다.

(3) 이 은사자의 봉사 자세
  ① 섬기는 일이면 섬기는 일로(롬12 : 7)
    섬기는 일은 '섬김' 그 자체가 목적이고 다른 목적이 있어서는 안된다는 말이다. 알아주기를 바라거나 칭찬이나 대가를 바라거나 되돌려 받기를 바라서는 안된다는 말이다. 섬김은 섬김으로 끝나고 그 이상의 이유도, 조건도, 목적도 있어서는 안된다는 말이다. 오직 하나님만 바라보고 그것이 복인 줄 알고 은사를 감당해 가야 함을 뜻한다. 후방 보급부대 군인이 생각하기를 나는 총을 들고 싸움 한 번 못하고 군인의 보람이 없다고 자기 직책을 버리면 자기뿐 아니라 전방 군인도 싸움을 할 수 없고 전쟁은 패전하고 나라가 망할 것이다.
  ② 하나님의 공급하는 힘으로 하라(벧전 4 : 11).
    섬기는 자가 자기의 공급하는 힘으로 하는 것같이 해서는 안된다. 개인의 호의나 자기의 것을 주는 태도로 말고, 하나님에게서 값 없이 받은 것을 준다는 의식으로 해야 한다는 것이다. 이런 태도는 섬기는 자도 축복받고 '섬김'을 받는 이도 부담이 안된다. 모든 일, 모든 은사를 통해 오직 하나님만 영광을 받으시게 하고자 함이다.

(4) 섬기는 은사의 범위
    섬기는 은사의 범위는 넓고 다양하다. 그 근원적인 은사는 하나님을 '섬김'에 있고 다음 영적 사역자를 돕는 데 있고, 결국 성도를 돕는 데까지 미치는 은사가 이 은사이다. 여기에 근원적인 이 은사의 일로 하나님 섬김에 대해 알아보고, 다음에 영적 사역자 섬김에 대해 알아보며, 그 다음으로 이 은사의 직분적인 집사에 대해 생각하고자 한다.

2. 섬기는 은사의 실제

(1) 하나님 섬김의 실제
① 하나님 섬김에 대하여

"주 너희 하나님께 경배하고 다만 그를 섬기라"(눅4 : 8). "이 사람이 주야에 금식하며 기도함으로 섬기더니"(눅2 : 37).

성도의 근원적 섬김은 하나님 섬김이다. 이 하나님 섬김은 이 은사의 원동력이다. 여기에서 비롯하여 모든 다른 섬김 은사가 이루어질 수 있다. 이 섬김이 바르지 못하고 뜨겁지 못할 때 다른 섬김이 인조적이요, 탈선적이 되고 만다. 하나님을 섬김은 모든 성도가 다 이루어야 할 과제이지만 이것이 은사로 역사한다는 것은 기쁨으로, 능하게, 효과 있게, 성령의 영능으로 역사하는 것을 말한다. 하나님 섬김의 범위는 한이 없지만 가장 기본적인 섬김은 기도와 예배라 할 수 있다. 하나님은 신령과 진정으로 예배하는 자를 찾으신다. 예배의 헬라 원어는 '라토레웨인'과 '프로스규네오'인데 섬긴다, 순종한다, 엎드려 절한다는 뜻이 있다. 섬기는 은사자는 무엇보다 예배에 충실한 자들임을 명심할 것이다. 이제 아래에 주일 성수, 십일조 생활, 첫열매, 성미 등 하나님 섬김의 실제의 구체적인 몇 문제만을 생각해 본다.

② 주일 성수에 대하여
㉮ 주일의 의의

안 식 일	주 일
제 7 일	제 1 일
여호와의 안식일(출20 : 10)	주의 날(마12 : 8)
이스라엘 민족과 계약(출31 : 13)	새 계약의 상징(마20 : 26)
물질 창조 후 안식(창2 : 2)	영적 창조 후 안식(고후5 : 17)
이스라엘인의 날(유대교)	그리스도인의 날(그리스도교)
율법으로 강제	구속됨을 감사하여 믿음으로

불순종으로 안식에 못 들어감	주 안에서 안식을 얻음(마 11：28)
(히4：6)	
그리스도 안에 안식의 그림자	영원 안식의 그림자(히4：10)
(골2：17)	
주님이 죽었던 날	주님이 다시 사신 날
율법 시대의 지키던 날	은혜 시대의 보은의 날

　주일 성수는 인간의 시간적 생활 속에 하나님의 임재에 대한 신앙 고백과 감사와 사랑의 표현이다. 주일은 주님의 부활한 날이요(눅24：12), 성령 강림이요(행 2장), 헌금일(고전16：2), 계시의 날(계1：10), 예배일이요(행20：7), 주님의 날이다(마12：8). 안식일은 이 세상의 시초부터 그리스도가 부활하신 때까지 칠 일 중 마지막 날이었으나, 그의 부활로부터 주간의 첫날로 고쳤다. 그 날을 성경에 주의 날로 부른다. 그것이 기독교인의 안식일로 이 세상의 끝 날까지 계속될 것이다(웨스트 민스터 신앙고백).

　㉯ 주일 지키는 법

　　　　주일은 주님을 위하여 거룩히 지킬 것이다. 사람들이 마음을 적당히 준비하고 이전 일은 다 정리한 후에 이 세상 일과 운동하는 것에 대한 일과 말과 생각을 떠나서 거룩하게 안식할 뿐 아니라 공예배와 사예배를 드리며 필요한 일과 자비에 관한 의무를 이행하는 데 전 시간을 보낼 것이다(웨스트 민스터 신앙고백에서). 주일은 주의 날이다. 일요일도, 공휴일도 믿는 이가 부를 명칭이 못된다. 이 날은 나의 날, 인간의 날, 노는 날, 즐기는 날로 만들어서는 안된다. 출타하고 놀이 가고 오락하는 일을 피하고 가정일, 직장일, 사업일, 사고 파는 일은 훗날로 미루고 잔치, 행사, 이사, 여행, 이발, 미장원 가는 일 등은 다음 날 하고 오직 주를 예배하고, 기도하고, 전도하고, 주 위해 봉사하는 거룩한 일에 새벽부터 밤까지 온전히 경건히 지낼 것이다. 시간이 있으면 안식할 것이다. 말과 행동을 삼가하고 신령한 일에 치중하여 영혼을 소생시키고 성령 충만을 이룰 것이다. 그리하여 기쁘고 즐겁고 가치있고 뜻있어 기다려지는 날로 만들어야 할 것이다.

　㈐ 주일 성수의 복
　　ㄱ. 주일 성수는 영육 건강의 복을 받는다.

믿는 차부와 안 믿는 차부가 함께 수천 리를 마차에 짐을 싣고 가게 되었다. 안 믿는 차부는 주일도 쉬지 않고 갔으나 믿는 차부는 주일은 예배드리며 쉬고 다음날 계속 갔었다. 믿는 이가 여정을 마치고 돌아와봐도 안 믿는 이가 오지 않아 걱정했는데, 수일 후 말도 마차도 없이 빈 몸으로 힘 없이 걸어 오고 있었다. 계속 쉬지 않고 갔기에 말은 병 나서 죽고 사람도 병이 나서 마차를 팔아 치료하다가 왔다는 것이었다. 주일 성수는 건강의 비결이다. 그것뿐 아니라 주일에 예배드리고 기도하고 신령한 일 하고 성경 보니 영이 소성하고 새 힘을 얻을 수 있다.

　　ㄴ. 주일 성수로 주일뿐 아니라 다른 날도 거룩하고 복되게 하게 한다.

　　ㄷ. 주일 성수는 하나님 안에 즐거움과 지위와 영적 복이 있다.
　㈑ 성수주일(聖守主日)의 실례
　• 빌리 썬데이(B. Sunday)

베이스를 14초 동안에 뛰는 가장 주력(走力)이 좋았던 유명한 야구 선수로 각광을 받던 명수(名手)인 빌리는 회개한 후 "나는 이제부터는 주일날은 야구를 안하기로 했네"라고 단호(斷乎)히 주일 야구를 거절했다. 야구단 안에서 큰 물의가 일어났으나 그는 개의치 않고 성수 주일을 위해서 야구단을 떠나 72세에 운명할 때까지 300집회에 (39년간) 1억 명에게 전도하고 백만 명을 천국으로 이끄는 대전도자가 되었다.

　• 무디(D. L. Moody)

무디는 주일에 신문, 전차, 자전거를 다 엄금해야 된다고 했다. 그는 주에 7일 일하여야 먹고 살 수 있다는 사람에게 "굶어 죽을지언정 주일을 지키라. 19세기에 주일을 지키다가 순교자가 나면 얼마나

제 9 장 섬기는 은사 123

장한가"고까지 했다.
　• 우찌무라 간조
　우찌무라(內村鑑三) 씨의 말에 의하면 일본 북해도 사뽀로 농업학교 학생 중 성수 주일하며 주일에는 일체 공부를 안한 학생이 수석을 했다고 하면서 성수 주일이 능률 향상의 방법이요, 건강 유지의 비결이라 하였다.
　③ 십의 일조를 드림에 대하여
　85년도 총회록 통계를 보면 전국 교회 재정 합계 수입란에 총액의 3분의 1 이상의 수입이 10의 1 조이다. 한국의 어떤 교회, 어떤 교단이든 그 수입의 가장 높은 종목은 십의 일조인 것이 틀림없다. 그것은 현대에 있어서도 십의 일조 헌금의 위치와 비중은 교회 운영이나 개인의 신앙 생활에 절대 비중이 큰 것을 알 수 있다. 오늘날도 우리들은 이 10의 1 조 생활로 많은 은혜를 받고 있는 것이 사실이다.
　㉮ 십일조의 유래
　ㄱ. 10의 1 조 헌금은 율법에 앞선다. 아브라함과 야곱부터 시작되었다(창14 : 20, 28 : 22).
　ㄴ. 율법으로 주어졌다(레27 : 30-33, 신14 : 22-23).
　ㄷ. 왕정 시대도 강조되었다(대하31 : 5-10, 느13 : 12).
　ㄹ. 예수님의 말씀에도 가르치심이있다(마23 : 23). 주님은 바리세인의 위선을 책망하시면서 비록 그들이 십일조 생활에 충실한다 해도 예배의 신성함과 의와 사랑을 잃어버렸다고 책하였다. 주님은 그들에게 십일조도 좋지만 그것도 행하고 저것도 버리지 말라고 하셨다.
　ㅁ. 신약 시대의 가르침(롬 15 : 27, 고전 16 : 1) : 매주 첫날에 이를 얻은 대로 헌금하여 저축해 두라 하였다.
　ㅂ. 교회사 : 85년 배콘콥 회의에서 십일조 안하면 출교까지 시키기로 결정했었다.
　㉯ 십일조의 의의
　ㄱ. 십일조는 주의 명령의 순종을 나타낸다. 십일조는 "바치

라"고 하신 하나님의 명령이기 때문이다(레 27 : 30-31, 신 14 : 22, 말 3 : 7-10, 창 14 : 20, 창 28 : 22, 마 23 : 23, 히 7 : 2, 4, 마 6 : 20, 고후 9 : 6, 고전 3 : 5).

ㄴ. 십일조는 신앙고백이다. 모든 것이 하나님의 것이고 무엇이든 하나님께로서 받은 것이라는 신앙 간증의 표현이다. 우리의 물질 생활속에 하나님의 임재를 감사하는 신앙고백이다. 십일조를 드림은 십의 구조를 하나님께 받음을 감사하는 표현이다. 성수 주일이 하나님과 성도 앞에 내 신앙의 고백의 일부분인 것처럼 내가 하나님의 소유를 충실히 바치는 것은 신앙의 불변함을 고백하는 것이다. 그것은 우리로 하여금 탐심의 우상(골 3 : 5)에서 건짐을 받는다.

ㄷ. 십일조는 생활의 성별이다. 내가 내 생활의 주인이 아니요 나는 하나님의 청지기요 그의 뜻에 따라 사는 자다, 내 생활의 주인은 하나님 이시요 하나님의 뜻대로 살겠다고 자기를 성별하는 뜻이다. 십일조를 성별하여 자신과 전 생활을 성별하는 길잡이로 삼는다.

ㄹ. 십일조는 감사와 사랑의 발로이다. 사람은 물질이 있는 곳에 마음이 있다. 하나님 사랑이 마음에 머물든지 말에 머물러서는 안될 것이다. 하나님은 아브라함에게 이삭을 제물로 바치라 하여 사랑을 확인하셨다.

㊃ 십일조 방법

ㄱ. 우리의 지출 경비의 첫째에 십일조를 둘 것이다. 십일조는 언제나 즉석에서 바쳐야 한다. 그렇지 않으면 시험에 든다. 봉급은 받은 즉석에서 구별하여 바치고, 농사는 타작 마당에서 구별하여 바치고, 농사는 타작 마당에서 구별하여 바치고, 장사는 상점문을 닫고 구별하여 바치고, 사업가는 결산할 때 구별하여 바치라.

ㄴ. 십일조는 언제나 그 이상을 바쳐야 마땅하다. 십일조 헌금이 최하의 헌금이요, 십일조 헌금이 최저선의 헌금이다. 그러므로 십일조는 그 이상의 원칙이다.

ㄷ. 십일조는 언제나 철저히 지성으로 조목 조목 바치라.

ㄹ. 십일조 헌금은 겸손한 마음으로 드려야 한다. 언제나 부족한 생각으로 드리고, 온유한 태도로 언제나 다른 사람이 알까 싶게 하나님만 보시도록 감사, 감격한 마음으로 드려야 한다. 십일조는 짐으로 여기면 안된다.

ㅁ. 십일조는 철저한 의무감으로 바쳐야 한다. 따지지 말고, 조건 없이, 위신 세우기 위해서나 위로받기 위해 바치지 말고, 꼭 축복만 생각하며 바치지 말고, 오직 하나님 앞에만 합격되도록 바쳐야 한다. 만일 안 바치면 이 세상에서 제일 큰 도적이 된 줄 알고 바치면 실수가 없다(말 3:8). 그래야 하나님께는 영광이 되고 나에게는 복된 결과가 온다.

㉮ 십일조의 용도

십일조는 구약 시대 제사장 레위인의 생활비와 성전 운영비와 구제비로도 쓰여졌다. 지금은 제사장도 레위인도 없다. 그러나 의미상으로 볼 때 주의 이름을 위하여 전문적으로 일하고 다른 직업이 없는 분이 거기에 해당된다. 그러나 분명히 알 것은 하나님께 십일조를 드리는 것이지 제사장이나 레위인에게 십일조를 드리는 것이 아닌 것처럼, 그리고 제사장들은 하나님께 생활비를 받는 것처럼, 오늘날도 십일조는 하나님께 바치는 것이니 바친 자가 바친 것이 어떻게 쓰여지느냐 신경을 쓰지말아야 은혜가 되고 참 하나님께 드린 십일조가 될 수 있다. 그리고 그 십일조는 주의 이름으로 쓰여져야 한다. 받는 자는 하나님으로부터 받는 기쁨과 겸손으로 하나님께 감사히 받아 떳떳하고 힘차게 일하게 해야 한다. (교역자의 생활비를 **神授費**라고 하는 이유가 여기에 있다.)

㉯ 십일조의 결과

ㄱ. 천국 시민의 기쁨에 살게 한다.

십일조는 영원한 일에 투자하는 것이다. 주님께서는 오직 너희를 위하여 보물을 하늘에 쌓아두라 하셨다. 십일조는 우리가 천국의 어떤 부분을 소유했다는 것을 절감케 한다.

ㄴ. 영적 기쁨과 힘을 얻는다.

　　십일조는 물질이지만 영적 의미가 더 크다. 돈의 이면에 뒷받침된 믿음의 문제요, 마음의 문제요, 생활의 문제이다. 십일조 바치는 자와 안 바치는 자의 영적 상태는 그 믿음이 근본적으로 다르다. 십일조를 바쳐 영적 기쁨과 힘을 얻는 것은 믿음으로 바친 자만이 안다. 믿음의 담력을 얻는 비결이다.

ㄷ. 교회에서 떳떳이 일을 할 수 있다.

　　세금을 안 낸 국민이 떳떳치 못한 것처럼 십일조 의무를 감당 못하면 직분 감당에 떳떳치 못하다.

ㄹ. 십일조는 약속있는 헌금이다(말 3 : 10).

　　그러나 축복받기 위한 공로로 생각하면 참 헌금, 하나님께 상달될 헌금이 못된다.

㈔ 십일조의 실례

　　부산 가야동 소재, 동아 화학공업사 사장 안경성 씨는 젊은 날 처남집에서 식객으로 지내며 작은 사업을 하면서 십일조를 했다. 처남의 불만이 대단했다. 남의 집에 식객으로 있으면서 무슨 십일조냐 하는 것이다. 안 집사는 말했다. "하나님의 것은 하나님께 바쳐야 합니다. 아무리 어렵다 한들 하나님의 것을 도적질할 수야 있겠읍니까? 사람이 잘 살고 못 사는 것이 사람의 노력으로 되어지는 것이 아닙니다. 하나님께서 축복을 해주셔야 잘 살 수 있는 것입니다." 세월은 흘러 처남은 죽고 그 집은 기울어졌지만 안 집사는 사업에 기반이 닦이고 지금은 100명 넘는 직원을 거느린 사장이 되었다. 그는 지금 옛날을 회고하면서 더욱 십일조 생활과 아울러 복음 사업에 많은 물질을 바치고 있다 한다.

④ 첫 열매 드림에 대하여

　본문(겔 44 : 30, 민 18 : 17, 겔 20 : 40)

　　㈎ 첫 열매의 의의

　　　ㄱ. 하나님을 최고 공경의 의미(출 23 : 26, 창 4 : 4)

ㄴ. 정성과 사랑과 신앙의 고백(창 4 : 4, 히 11 : 4)
ㄷ. 생활의 성별(출 13 : 12)
ㄹ. 모든 생활을 주께 맡김(겔 20 : 40-42)
ㅁ. 축복의 빙거가 됨(잠 3 : 9)
㉯ 첫 열매의 종류
  ㄱ. 곡식 첫 열매(출 23 : 19)
  ㄴ. 과목 첫 열매(느 10 : 35)
  ㄷ. 짐승 첫 열매(창 4 : 4, 레 27 : 26)
  ㄹ. 첫 소산(레 18 : 12)
  ㅁ. 첫 날(고전 16 : 7)
㉰ 첫 열매 드림의 정신
  ㄱ. 양보다 질로(레 23 : 10)
  ㄴ. 신앙으로(출 4 : 4)
  ㄷ. 따 먹기 전
  ㄹ. 정성껏
  ㅁ. 새벽 제단에
  ㅂ. 주의 종에게 돌림(겔 44 : 30)
㉱ 첫 열매 드림의 축복
  ㄱ. 기도 응답(창 4 : 4)
  ㄴ. 소산물의 복(잠 3 : 10)
  ㄷ. 하나님의 인정받음(히 11 : 4)
  ㄹ. 주께서 가정을 주장함(신 26 : 11)
  ㅁ. 신앙 중심의 생활

⑤ 성미 드림에 대하여
  ㉮ 성미의 성경적 근거 (겔 44 : 30, 왕상 17 : 13-14)
  ㉯ 성미의 의의
    ㄱ. 주님을 호주로 모심(신 28)
    ㄴ. 생활 성별, 가정 성별(민 15 : 20)

ㄷ. 주의 종과 고락을 함께 함(갈 6 : 6)
ㄹ. 교회 생활과 가정 생활의 연결
ㅁ. 축복케 함(겔 44 : 30)
ㅂ. 교역자가 식생활에 얽매이지 않게 함(고전 9 : 9-14)

㉯ 성미의 방법
ㄱ. 기도하는 마음으로
ㄴ. 믿음과 사랑으로
ㄷ. 주님 대접의 정신으로
ㄹ. 복으로 알고
ㅁ. 가족 수대로
ㅂ. 매끼마다
ㅅ. 적으나 정성껏
ㅇ. 한 주에 일 회, 주일에 드림

㉰ 성미의 용도
ㄱ. 성직자에게 드림(겔 44 : 30)
ㄴ. 식량으로만 사용
ㄷ. 식량이 남을 때 흩어 구제 함
ㄹ. 주의 종은 기쁨으로 먹고 내지 말 것
ㅁ. 성미는 성미니 다른 용도로 쓰지 말 것

　서울 성문 교회의 개척 당시 신앙 생활을 열심있게 하던 자매님 한 분이 계셨는데 시어머니를 비롯하여 온 가정이 불교 신자였다. 남편은 둘째 부인까지 얻어 함께 살면서 교회에 나간다고 핍박이 대단했다. 심지어 교회에서 세례를 주던 날, 세례를 받으면 죽인다고 하며 칼을 들고 교회까지 찾아오는 등 너무나 두려운 핍박이었다. 그러던 어느 주일 날 성미를 들고 나오던 그 자매님은 이웃집에 다녀오던 시어머니에게 발각이 되어 시끄러운 일이 생겼다. "요년이 집안 것을 퍼내다니…… 쌀이 어째서 모자란가 했더니 교회에 가져다 바쳤구나. 이년아, 뭘 꾸물거려, 교회에 가서 쌀을 찾아와 어서…！"하며 시어머니는 악을 쓰고, 남편은 이혼하자고 하며 "목사하고 붙어 살지, 왜 집안 것을 퍼내, 이 나쁜 년아, 에이그…!"소리치며 사정없이 구타하곤 했다. 교회에 나가지 못하도록 머리카락까지 잘라버려도 시장에 찬거리를 사러간다고 하고는 수건을 쓰고 예배에 참여하곤 했는데, 불행하게도 또 어느 날 시어머니가 쌀통을 뒤지다가 성미 자루를 발견하고는 절에 올라가서 시주를 해버렸다. 그런데 시어머니가 절에 다녀오기가 바쁘게 둘째 아들이 눈은 떴는데 사물이 보이지 않게 되고 말았다. 하나님께 드릴 성미를 우상에게 바쳤기 때문이다. 그 자매님을 통하여 저주의 원인을 깨달은 시어머니는 교회에 나오기 시작하며 울면서 회개를 한 후로는 즉시로 아들의 눈이 떠져 광명한 세상을 보게 되었던 것이다. 참으로 신기한 일이라고 하면서 온 가족이 예수를 믿게 되었으니 그 자매님의 눈물 어린 기도의 응답이라고 생각한다.

㈑ 성미의 축복
　　ㄱ. 복이 임함(겔 44 : 30)
　　ㄴ. 가정 형통(왕상 17 : 13-14)
　　ㄷ. 건강의 길
　　ㄹ. 신앙 전진
　　ㅁ. 교회 부흥

성결 교단에 부흥사인 이만신 목사님은 부흥 설교 가운데 이런 간증을 많이 하신다. 목포 중앙교회 김옥림 권사님은 성회 때 헌금을 80만 원 하고 남편은 30만 원을 하셔서, 이 목사님이 김옥림 권사님을 불러 축복받은 이야기를 해달라고 하였다. 김 권사님이 겸손하게 "제가 무슨 자랑할 것이 있겠읍니까만 목사님이 설교하시는 데 도움이 된다면 간증하겠읍니다"라면서 이런 간증을 했다. 김 권사님은 결혼 후 수년이 되어도 어린아이를 낳지 못했다. 그래서 염려를 얼마나 하셨던지 몸이 아주 약해 있는데, 옆집에 권사님이 찾아와서 예수를 믿고 기도해 보시라고 하여 그 다음 주일 권사님을 따라갔다. 예배에 참석하여 뒷의자에 앉아 있는데 성도님들이 교회를 들어 오시면서 신주머니 같은 데 쌀을 가지고 와서 붓더란다. 그래서 옆집 권사님에게 묻고 자기도 성미 명단에 올리고 성미를 뜨기 시작했다. 성미를 꼭 세 숟갈 뜨면서 기도를 했다. "하나님 아들 셋만 주십시요"하고 소원의 기도를 했는데, 아니나 다를까 하나님께서 그의 정성을 보시사 아들 하나를 주셨다. 하나님께서 기도의 응답을 하신 것이다.

김옥림 권사님은 축복을 받았으며 계속해서 성미를 떴는데 아들 셋을 낳고, 하나님이 물질에 축복하사 주택을 여덟 채 주셨고 제재소와 고아원, 그 외에도 많은 축복을 주셨다는 것이다.

(2) 영적 지도자를 섬김의 실제

① 섬기는 은사는 주의 종을 존경하는 데서 비롯된다(딤전 5 : 17).

㉮ 존경이 없을 때 섬길 수 없기 때문이다.

교역자의 직책상 위치를 봐서 존경하라. 교역자는 교회의 감독이요, 성도의 영적 지도자요, 하나님의 대변자요, 성례의 집행자요, 축복자요, 성령으로 기름붓는 일의 상징인 안수자이다. 그 직책상 하나님의 대표자이니 교역자를 존경해야 한다. 보이는 자기 교회 교역자를 존경할 줄 모르는 사람이 안 보이는 하나님을 공경한다는 것은 말이 안된다.

㉯ 교역자의 수고를 봐서 존경하라.

교역자는 교회를 위해 그 생을 바친 사람이다. 성도의 기쁨이 그의 기쁨이요, 성도의 슬픔이 그의 슬픔이다. 그는 성도의 괴로움을 함께 나누고, 어려움도 함께 나누는 자이다. 성도들의 영을 위해 경성하기를 회개할 자인 것같이 하나님께 대신 매맞기 원하고, 중재의 기도를 드리는 교역자를 존경하자.

㉰ 교회의 질서와 부흥을 위해서라도 교역자를 존경해야 된다.

교회의 지도자가 교역자이니 질서를 위해 존경해야 되고, 대개의 경우 교회의 부흥이 교역자에 많이 달렸으니 교회 부흥을 위해서라도 존경해야 된다.

㉣ 자신을 위해서라도 교역자를 존경하라.

존경이 없으면 설교도, 기도도 은혜가 안되고 모든 것에 회의가 생기고 자신의 신앙생활에 유익이 없다. 해뿐이다.

㉤ 갈라디아 교인처럼 주의 종을 공경하자(갈 4 : 14).

갈라디아 성도들은 그들을 시험하는 것이 사도 바울에게(질병) 있어도 업신여기거나 버리지 않고 천사와 같이 그리스도와 같이 존경하고 영접하였다. 교역자를 존경하는 것은 성경적이요, 성도의 마땅한 바른 도리요, 신앙 윤리이다. 교역자와는 농담이나 장난이나 오락도 곤란하고 더구나 흠담, 비난, 잡담은 절대 말 것이며 교역자가 어려도 경어를 씀이 마땅하다(딤전 5 : 12).

② 교역자를 섬기는 일은 교역자를 알아줌으로 이뤄진다.

그 직책, 그 고난, 그 수고, 그 고충을 알아주면 더욱 힘차게 교역자가 교회를 위해 일할 수 있다. 성도들이 교역자를 몰라주면 이 세상에는 알아줄 사람이 없다. 성도의 적은 성의, 단 한 마디의 감사하는 말이라도 교역자에게는 큰 위로가 되고 힘이 된다.

③ 교역자를 섬김은 교역자를 도움에서 이루어진다(롬 16 : 4).

㉮ 마음으로 도움(골4 : 11)

㉯ 기도로 도움(엡 6 : 19, 고후 1 : 11)

사도 바울은 고린도 교인들에게 너희도 우리를 위하여 간구함으로 도우라 하였다. 위대한 설교자 스펄존 목사에게 그 놀라운 능력을 어떻게 얻느냐 물으니 그는 그 목사를 데리고 지하실로 내려가 기도하는 300명의 성도를 보여주었다고 한다.

㉰ 노력으로 도움(빌 4 : 3)

㉱ 물질로 도움(빌 4 : 18, 고전 9 : 9)

㉲ 좋은 것을 함께 함(갈 6 : 6)

㉳ 생명을 다해 도움(롬 16 : 3-4)

㉴ 즐거움으로 일하게 함(히 13 : 17)

마음을 편하게 하고 상처를 주지 말라. 교역자의 근심은 직접

전 성도의 심령에 영향이 미친다. 병든 어머니의 젖은 자녀를 병들게 하듯 상처입은 교역자의 설교는 성도의 심령에 직접 악 영향을 미친다. 즐겨 설교, 즐겨 심방하게 하고 즐겨 주의 일을 하게 해야 성도에게 축복이 된다. 사과도 익을 때 노래를 들려주면 더 예쁘게 익고, 양의 젖도 노래를 들려주면 더 많이 더 잘 나온다 한다.

④ **교역자 섬김은 순종함에 있다.**
  ㉮ 양이 목자에게 하듯(요 10 : 16).
  ㉯ 사병이 지휘관에게 하듯(딤후 2 : 4).
  ㉰ 자녀가 부모에게 하듯(고전 4 : 15 - 16).
  ㉱ 말씀을 잘 들음에서(눅 10 : 39 - 42).
  ㉲ 맡은 사명에 충성함으로써 순종하자.

성도는 알아서 할 일이 있고, 물어서 할 일이 있고, 시키는 대로 할 일이 있음을 알아야 한다. 주의 종은 법궤와 같다. 법궤 안에 만나와 십계명과 아론의 싹난 지팡이가 들었듯이 교역자는 은혜와 말씀과 능력이 있어야 하고, 법궤를 만질 때 죽은 것같이 교역자를 대적하면 성도가 해를 입을 수밖에 없다.

⑤ **망을 씌우지 말라(딤전 5 : 18).**
  ㉮ 생활비에 최선을 다하여 걱정 없이 목회를 하게 하고,
  ㉯ 도서비에 전력을 다하여 말씀이 풍성하게 하며,
  ㉰ 수양비를 많게 하여 기도를 많이 하게 하여,
  ㉱ 영력있는 목자가 되게 하라.

교역자 생활비는 사례비나 구호가 아니다. 교역자는 그것을 받을 권리가 주어졌으며(고전 9 : 1 - 14), 교회는 지급할 의무가 있다. 인색함이 없이 드려야 풍족한 복을 받는다. 교역자는 적든 많든 성의껏 감사함으로 드리는 생활비를 원한다.

⑥ **섬기는(돕는) 은사의 복**
  ㉮ 물질 복(왕상 17 : 8 - 16)
  ㉯ 자녀 복(왕하 4 : 8 - 16, 창 18 : 10)

㉰ 피란의 복(창 19 : 1 - 15)
㉱ 영적 복(행 16 : 14)
㉲ 하늘의 상이 큼(마 10 : 41 - 42)

(3) 섬김의 직분 '집사'에 대하여

교회를 받들어 섬김에 어느 누구가 지정되어 있는 것이 아니라 모든 성도가 다 함께 하여야 한다. 그러나 특히 집사직은 섬김의 뜻이 부여된 직분이다.

① 집사의 의의

집사, '디아코노스'($\delta\iota\acute{\alpha}\varkappa o \nu o \varsigma$, diakonos)의 그 뜻을 자세히 찾아보면;

㉮ 대행자, 보조자, 종, 부양하는 자, 수종자, 관리인, 섬기는 자, 조수.
㉯ 교회 일을 맡아 일하는 사람.
㉰ 교역자를 도와 주의 일을 하는 직분이다.

② 집사의 자격(딤전 3 : 8 - 12) - 8 대 합격자

㉮ 단정(딤전 3 : 8, 11) - 품행에 합격
㉯ 일구 이언(딤전 3 : 8, 11) - 말에 합격
㉰ 술(딤전 3 : 8) - 음식에 합격
㉱ 더러운 이(딤전 3 : 8) - 물질에 합격
㉲ 깨끗한 양심(3 : 9) - 양심에 합격
㉳ 믿음의 비밀(3 : 9) - 신앙에 합격
㉴ 충성(3 : 11) - 사명감에 합격
㉵ 가정 잘 다스림(3 : 12) - 가정에 합격

③ 집사직의 성질

㉮ 성직(딤전 1 : 12) - 그리스도의 일꾼
㉯ 미직(딤전 3 : 13) - 아름다운 지위
㉰ 비직(딤전 3 : 9) - 비밀 가진 자

㈘ 난직 (빌 1 : 29) – 고난 각오

㈙ 복직 (딤전 3 : 13) – 복이 임함

④ 집사의 삼대 직무

집사라는 한자는 잡을 집(執)자, 일 사(事)자이다. 일을 잡았다는 것이다.

집사는 세가지 일을 잡는다. 집금(재정 관리), 집방(심방 관리), 집사(봉사 관리), 삼 집의 은사자이다.

집사는 교역자의 지도와 장로들의 감독 아래 재정 관리를 직접하고 심방을 협조하고 봉사의 일을 솔선 수범하는 관리자이다. 교회 일을 자기 일같이 돌보는 집사는 스데반처럼 아름다운 지위를 얻는다.

㉮ 재정(執金) 관리

ㄱ. 예 산

i) 예산의 개념 : 예산이란 1회계 년도 내의 수지 견적인 동시에 하나의 계획이라 할 수 있다. 그것은 재정 청사진이다.

ii) 예산 수립의 필요성 : 무목표, 무계획한 교회 재정의 관리는 교회 성장은 기대 못하고 오히려 퇴보만 있을 뿐이니 교회 부흥을 위해 뒷받침되는 재정은 반드시 예산화되어야 한다.

iii) 예산 편성 방식

• 지난 해 예산 결산을 토대로 물가 상승, 헌금 상승, 정책 등 참조로 가감함.

• 제로 베이스 예산 방식 – 과거보다 미래에 중점 두고 제로 상태에서 예산, 과감한 새 계획 예산이다.

iv) 예산의 편승 : 예산위원회를 목회 계획서, 결산, 물가 상승율, 헌금 상승율 등을 참고 예산안을 작성한다.

v) 예산안 심의 : 당회장의 심의를 거쳐 공동 의회의 질의를 거쳐 표결로 확정한다.

vi) 예산 집행 : 예산 집행의 권한 책임은 당회장에게 있다. 재무부와 회동하여 효과적으로 집행하되 목사는 간접적인 통제와 감독만

하고 깊이 간섭 말아 재정부의 자주성을 침해 말아야 은혜스럽다. 주로 월말에 감독을 한다.

    ㄴ. 지출 관리
        i) 회계 년도 내에서 집행
        ii) 과목 따라 지출
        iii) 예산액대로 지출
        vi) 지출 행위 발생에 따라 지출
        v) 회계 지출 절차를 되도록 지킬 것

교회 재정은 성물이니 빌려주거나 타목적으로 지출 못한다.

    ㄷ. 결 산
        i) 결산의 성립은 심의에서 이루어진다. 감사위원의 감사와 당회장의 심의를 거쳐 공동의회 표결로 된다. 결산 후에는 지출에 대한 책임을 묻지 못한다. 재정 관리자는 소질과 신앙과 사명감과 진실성과 기능이 있어야 한다.

㊉ 심방 (執訪) 관리

    ㄱ. 심방의 뜻 : 방문, 상담, 권고, 위로 등(살전 5 : 14, 골 1 : 28).
        • 교육 기능 – 신앙적 인격을 조성하고 성장시킨다.
        • 교제 기능 – 서로 위로, 봉사, 협력한다.
        • 선교 기능 – 자연스런 접촉을 통하여 전도할 수 있다.

    ㄴ. 심방의 이유와 목적
     i) 돌봐줌 (요 21 : 15)
     ii) 주의 사랑을 나눔
     iii) 전도
     iv) 도와줌(격려, 권위, 권고, 용기) (행 14 : 22)
     v) 가정의 축복
     vi) 전도

    ㄷ. 심방의 종류

i) 완행 심방(대심방)

연간 2회, 1일 7-10세대가 적당하다. 거리에 따라 조정한다. 도시는 봄, 가을 2회, 농촌은 농한기를 이용 2회, 어촌은 출어기 등을 피해서 실시한다. 인원은 교역자 포함 8-10명 정도가 적당하다. 교적부나 교인 신상 카드 등을 정리한다. 구역장을 통하여 피심방 가정의 최근 동태를 참작하여 적절한 말씀을 준비한다. 지나친 음식 준비를 위하여 자기 집 심방받는 일에 소홀히 하는 교인이 없도록 한다.

ii) 보급 심방(유고 심방)

신속해야 한다. 질병이나 사고 심방, 길흉간에 심방의 목적이 분명해야 한다. 형편에 따라 실질적이고도 적절한 조처가 필요하다. 공식적으로 지출되는 축의금의 예산이 있으면 심방시 지참 전달한다.

iii) 급행 심방(위급 심방)

급한 사고 난 가정의 심방. 지체 말고 심방한다.

ㄹ. 심방의 실제
  i) 준비할 것(기도 계획, 설교, 식사, 광고)
  ii) 질서를 지킬 것
  iii) 정중하고 겸손히
  iv) 친절과 사랑
  v) 잡담, 사담, 흉담 말 것
  vi) 기도하는 마음으로
  vii) 예의있게
  viii) 기분 상하지 않게
  ix) 지루하지 않게, 인내로

㈄ 봉사(執仕) 관리

ㄱ. 교회 안 봉사
  i) 예배위원, 안내위원

- 30분 전에 도착. 기도, 꽃 및 성구 정리
- 용모, 복장 단정
- 기쁨으로 평등 안내
- 좌석 배정
- 예배 시간 통제
- 예배 후 정리
- 신입 교인 및 이사 온 자 등록

ii) 헌금 위원
- 30분 전 도착, 기도, 정리
- 정중하게 수금
- 헌금 바구니와 동행
- 헌금 봉투 분류
- 축복 기도 후 돌아갈 것

iii) 청소 미화
　　예배 위원은 청소 미화를 겸함이 좋다.

iv) 회　의
　　제직회에 꼭 참석하고 결의된 것은 교회 공석상에서 발표되기 전에는 비밀을 지킬 것.

ㄴ. 교회 밖 봉사
　i) 길흉 대사의 협조
　　• 호상으로 봉사 : 호상은 초상 예절이 밝은 분으로 하는데 주상과 협의 하에 친척 중에 집사나 장로가 협조하면 좋다. 상사 일체를 총감독하되 신앙적으로 진행할 것이다.
　　• 집사로 봉사(초상 집사의 일을 직접 맡아 하는 이를 집사라 한다) : 활동성이 기민하고 예절이 밝은 젊은 집사가 호상의 지시를 따라 일을 돕는다.
　　　　○내집사 – 조객 방명록 작성, 부의록 작성, 접대, 금전 출납

○외집사 - 소요 물품 조달
- 상둣군으로 봉사
  ○산역 요원, 천광, 회격 평토, 성분 요원이 필요하다.
  ○운구 요원, 10명 정도
  ○상여 요원, 12-15명 정도
  ○성가대, 상둣군 앞에서 찬송을 부를 사람.
- 염습과 입관 - 시신을 씻고 수의 입히는 것을 염습, 시신을 관 속에 넣고 봉하는 것을 입관이라 함.
- 목욕 - 시신을 씻고 닦는 의례. 사망 다음 날 함이 통례이다.
- 준비물 : 곤포 - 시신 중앙부를 가릴 천, 향탕 혹은 알콜수, 물수건 3개, 빗, 작은칼, 조발낭 이것을 담을 것에 담아온다. 시신을 방 한가운데 두고 곤포를 덮은 후 옷을 차례로 벗기고 벗기기 어려운 것은 가위로 자른 뒤 벗긴다. 그리고 한 사람은 위에서 한 사람은 밑에서 시신을 깨끗이 씻긴다. 그리고 머리를 빗기고 좌우를 구분하여 손톱을 깎아 조발낭에 담고 홑이불로 덮는다. 이장해야 할 경우 권시, 즉 명주나 가는 베로 몸을 감는다.
- 수의 입히기
  ○먼저 하의를 입히고 허리띠를 맨다. 버선, 대님, 행전을 매고, 여자일 경우 바지 치마 순으로 하고 끈을 맨다.
  ○상의, 저고리 입히고 옷고름을 가볍게 맨다.
  ○원삼 두루마기 또는 도포를 입힌다.
  ○멱목으로 면상을 가리운다. 망건, 두건, 폭건 순으로 머리를 싼다.
  ○악수로 두 손을 싼다.
  ○버선을 신기고 염포로 싸고 믿는 이는 보통 5매로 묶고(속포)관 속에 지금(요)을 깔고 시체를 넣고 천금(이불)을 덮고 관을 봉한다. 입관 예배를 드린다.

• 망건 – 머리카락 싸는 비단, 두건 – 머리 수건 같은 것, 폭건 – 검은 모자 같은 것
　　　• 믿는 이는 구의(관보)에 십자가를 그린 것으로 주문하거나 꽃을 가지고 붉은 색깔로 십자가를 만들 수도 있다.
　　　• 명정 : 죽은 사람의 관직 성명을 기록한 조기. 품계, 관직, 본관, 성명 순으로 쓴다. 기독교인은 품계를 목사, 전도사, 장로, 권사, 집사, 성도로 기록한다. 관직은 관직이 있는 자만 쓴다. 남자에게는 공, 여자에게는 쓰지 않음이 보통이다.
예) 장로 : 군수 전주 이공 승만 지구
　　집사 : 밀양 박석순 지구 혹은 성도 밀양 박씨 석순 지구
　　　• 조문 방법
　　　　상가에 가서 믿는 사람은 사진이나 시신 보고 절하지 말고 꿇어 앉아 분향하고 영혼의 부활과 유족의 위안과 보호를 기도하고 유족과 교례하되 유족과 절로 인사하고 위로의 말은 상대에 따라 신앙적으로 위로의 말을 한다. 돌아가심의 애석함을 위로하고 하나님이 위로해 주시기를 바란다고 기도하는 마음으로 말할 것이다. 상주의 답은 "망극합니다", "감사합니다." 믿는 이도 곡을 할 수 있으나 형식으로는 말 것이다. 곡은 망인과 유족을 다 알면 영전에 곡을, 망인을 모르면 곡을 안한다.
　　　• 발인 예배 : 개회 선언, 기도, 찬송, 설교, 기도, 약력 보고, 조사, 조가, 분향, 광고, 찬송, 축도, 폐회 선언. 약사는 잘 써서 보관하여 추도식 때 계속 사용할 것.
　　　• 하관 예배 : 영구를(혹은 시체만을) 광중에 내려 넣고 명정을 덮은 후 예배를 드린다. 그리고 시토를 한다.
　　　• 삼우제 : 3일만에 드린다. 묘역을 깨끗이 정돈하고 유족이 묘 앞에 서서 예배드린다.
　　　• 탈상 예배 : 상기가 파하는 날 상제와 친척 주례 목사, 성도 교인의 친지와 함께 상장의 상복을 모아놓고 탈상 예배를 드린다. 교

인의 영생 기도, 유족의 굳은 신앙을 다짐해 둔다. 되도록이면 조객이 끝난 밤 10시경이 좋을 것이다. 어떤 지방에서는 묘 앞에서 **탈상** 예배를 드리는 곳도 있다.

　　ii) 구제와 사회 봉사

사도행전 6장1-2절을 보면 집사들이 구제를 힘썼다. 집사는 불신자들의 가난과 어려움을 보고 그리스도의 사랑을 실천하는 선한 사마리아 사람이 되어야 한다. 사회 봉사에 앞장 서는 집사가 많은 교회는 반드시 부흥이 일어날 것이다.

　집사는 그 지역 사회의 그리스도의 산 증인이요 전도를 생활로 하는 전도인임을 알고 실천해야 된다.

　⑤ **집사의 자세**

　　섬김의 자세 : 순종, 추종, 시종의 자세

　　협동의 자세 : 시키기 전 알아서, 아는 것도 물어서, 아는 체 말고 시키는 대로

　　자원의 자세 : 즐거움으로, 내집 일같이, 성도들의 선도자가 되어

　⑥ **집사의 등급**

　　㉮ 일등급 집사 - 제물이 된 양같은 희생적 집사 (레 4 : 6-11).
예 : 부리스길라, 아굴라 (롬 16 : 3)

　　㉯ 이등급 집사 - 벧세매스의 소같이 충직한 집사 (삼상 6 : 10-16).
예 : 뵈뵈, 루디아 (롬 16 : 1-2, 행 16 : 15)

　　㉰ 삼등급 집사 - 따지기만 하는 염소같은 기회주의 집사 (마 25 : 31-33)　　　　예 : 데마 (딤후 4 : 10)

　　㉱ 낙제급 집사 - 일은 않고 말만 하는 개구리같은 집사 (계 16 : 13).
예 : 말쟁이들 (잠 26 : 20-28)

　　㉲ 제명할 집사 - 교회를 헐고 피해만 주는 여우같은 집사 (아 2 : 15).
예 : 니골라 (행 6 : 5, 계 2 : 6)

제 10 장

지혜·지식·말씀의 은사

성경본문 : 고린도전서 12장 8 - 10절

　지식의 은사는 성령의 능력으로 영적 진리를 꿰뚫어 아는 영적 직관의 은사요, 지혜의 은사는 영적 모든 일을 성령의 능력으로 바로 판단하고 분별하여 적용해 나가는 영적 분별력의 은사이다. 지식은 하나의 정보요, 지혜는 그 정보의 활용 능력이라 할 수 있다. 그런 고로 지식은 지혜로 인해 더욱 빛날 수 있고, 지혜는 지식과 함께 있어 비로소 빛을 발할 수 있는 것이다. 그래서 함께 기록된 곳이 많다(롬 11 : 33, 골 2 : 3, 신 1 : 13, 4 : 6, 출 31 : 3, 잠 10 : 8).

　그런데 이 은사 끝에는 말씀이라는 말이 기록된 것을 볼 수 있다. 이것은 전달하기 위한 은사라는 의미가 포함된 것이다. 복음을 전하고 성도를 가르치는 지혜와 지식이라는 뜻이다. 이 은사는 고린도전서12장 8 - 10절까지의 은사 목록 가장 윗자리에 놓여있고 같은 장 12장 28절의 은사 목록에는 빠져 있다. 같은 장의 은사 목록인데 어째서 그렇게 다를까? 그 이유는 사도의 은사나 선지자의 은사나, 가르치는 은사나, 다스리는 은사가 다 지식의 말씀 은사와 지혜의 말씀 은사와 같은 성질의 은사요, 지혜 지식의 말씀 은사를 사도 은사, 선지자 은사, 가르치는 은사, 다스리는 은사자가 다 함께 사용하는 동질의 것이기 때문이 아닌가 한다. 양쪽 은사가 다 은사의 첫머리에 기록된 것을 봐도 그런 이유를 짐작할 수 있다.

　신약성경이 기록되어 있지 않은 그 때라 이 은사는 무슨 은사보다 높은 비중이 있었던 것이 사실이다. 이 은사는 사도 은사의 위치와 같다. 말씀의 기초를 세우고 교회들을 다스려 가는 데 이 은사는 큰 역할을 해왔다. 실로 이 은사는 최고의 은사였다. 많은 직분자들이 이 은사를 가져야 사명을 감당할 수 있었으리라 생각된다. 이제는 성경이 완성되었기 때문에 그 때와 같은 사명적 비중은 없으나 역시 지금도 이 은사가 필요하고 또 역사되고 있다. 지금은 성경의 기초를 닦는 사명이 아니요, 성경을 해석하는 사명이다. 오늘날도 영적 지식의 선구자가 필요하다. 영적 혼선이 지금도 어지럽다. 진리를 파헤쳐 가르치고 전하기 위한 진리를 열어주는 영적 은사는 지금도 필요하다. 그 때보다 더 많은 교회, 더 많은 교인들을 처리하기 위한 영적 지혜는 더욱 필요하다.

　사람의 지혜 아닌 영적 능력의 지식과 지혜가 더욱 필요한 때가 오늘날이다. 주의 날은 가깝고 사단의 역사는 더욱 발악을 하기 때문이다. 이 땅을 속히 복음화할 능력 있는 그 지식과 지혜의 말씀을 풍성히 받아 사명을 감당해 갈 사람은 누구인가?

제 11 장
믿음의 은사

1. 믿음 은사의 사역 (고전 12 : 9)

(1) 믿음 은사의 의의
　가장 오랜 역사를 가진 은사이다 (히 11).
　성령이 그 뜻대로 주시는 은사이다 (고전 12 : 11).
　하나님을 절대 신뢰할 수 있게 되는 은사이다.
　하나님과 교통하는 기본이며 하나님의 모든 것을 받는 그릇이며 하나님을 기쁘게 하는 가장 좋은 은사이다 (히 11 : 6).
　이것은 역사하는 능력의 믿음을 가르친다.

(2) 믿음의 종류
　① 일반적 믿음
　　농부가 씨를 뿌리고 가을에 열매 열어줄 것을 믿는 믿음과 같은 극히 상식적인 믿음이다.
　② 구원적 믿음
　　죄인이 죄를 회개하고 예수 그리스도를 받아들여 구원을 받게 되는 모든 성도가 가지는 보편적인 믿음이다(롬 10 : 9 - 10, 엡 2 : 8).

③ 생활적 믿음

믿음이 실생활에 나타나지는 것을 말한다. 믿는 자가 믿음에 화합하여 살 때(히 4 : 2) 믿음의 열매가 맺힌다. 믿음을 말과 행동에, 시험 환란 때에 예배에만 아니라 일상 생활, 사업 같은 것에도 화합시켜야 된다.

④ 은사적 믿음(고전 12 : 9)

기적적인 신앙이다(막 11 : 23). 이것이 믿음의 은사이다. 엘리야가 비를 오게도, 오지 않게도 하고 베드로가 물 위에서 걸어가며, 아브라함이 백 세에 아들을 낳게된 기적의 믿음이다(롬 4 : 19 - 22, 행 28 : 1 - 6). 그러나 이 은사는 능력 행하는 은사와는 다르다. 이것은 주로 성도를 보호하고 이끌어 주고 요구를 채워주고 사명을 감당할 수 있도록 도와주는 은사이다(히 11 : 33 - 34). 한마디로 말하면 하나님을 절대 신뢰케 하는 능력이다. 심령 속에서 사람의 생각으로는 믿을 수 없는데 그 심령 속에서 화산이 터지듯, 분수가 솟는 믿음이 용솟음치는 역사이다. 이 믿음은 다른 은사의 동력이 되기도 한다(막 16 : 17 - 18, 11 : 23).

(3) 믿음 은사와 순종

이 은사를 받은 사람은 성령의 역사를 전적으로 순종해야 한다. 믿음 은사도 성령께서 심령에 주시는 것이니 성령에 전적으로 순종하고 의지하고 살 때만이 역사가 일어난다. 아무리 이 은사를 받은 자라 할지라도 성령에 순응하지 않으면 아무 역사가 일어날 수 없다(막 6 : 5).

이스라엘 민족이 여리고를 점령할 때 그것은 사람의 방법이 아니고 하나님의 방법이었다. 이스라엘 군중이 매일 여리고 성을 한 번씩 돌고, 제 칠 일에는 일곱 번 돈 후에 소리를 외치면 성이 무너진다는 것이었다. 이상적으로 볼 때 그것이 전쟁의 방법이라고 믿을 수 없지만 하나님의 명령이니 그대로 순응함으로 기적이 일어났다.

그것을 믿는 자체 그것이 믿음의 은사요, 순응하는 행동 그것이 믿음의 은사이다. 믿음의 은사는 상황이 아주 불리한 이치에 처해 있어도 인간 이성으로 이해 안되는 결정을 하고 하나님의 뜻에 순응하고 따르며 하나님의 뜻을 성취하는 능력의 믿음이다.

(4) 이 은사의 목적

구원을 얻는 데나 생활을 하는 데에 믿음이 필요하지만 믿음의 은사 목적은 또 다른 목적이 있다. 하나님께서 하시고자 하시는 놀라운 일을 이루어드리는 데 목적이 있다. 하나님께서 어떤 큰 일을 이루고자 하는가 그 뜻을 알고 그 확신에 서서 성취하는 데 목적이 있다. 즉 하나님의 사역을 기적적으로 이룸에 목적이 있다. 거의 모든 하나님의 사업이 이 은사자들에 의해 이루어진 것을 알 수 있다.

2. 믿음 은사의 실제

믿음의 능력으로 산 사람을 생각할 때 히브리서 11장, 믿음 장을 기억한다. 신앙 위인들은 그 믿음의 특성을 가지고 역사하였다. 아벨은 그 믿음을 예배에, 에녹은 그 믿음의 능력을 하나님 동행에, 노아는 이 믿음의 노력을 보지 못한 것의 증거에 사용하였고, 아브라함은 하나님의 약속에 대한 응답이 이 신앙 능력을 적용하였다. 이삭은 미래에 대한 축복에 이 신앙 능력을 적용하였다. 모세는 이스라엘 민족을 애굽에서 구출하는 데 이 신앙 능력을 썼고, 기드온은 하나님의 백성의 전쟁에 이 은사를 썼고, 엘리야는 그 나라의 죄를 물리치는 데 이 은사를 사용하고, 바울은 선교에 이 은사를 사용하였다.

현대 이 은사자를 논할 때 많은 사람들은 브리스톨과 잉글랜드에서 믿음으로 고아원을 경영한 죠지 뮬러를 든다. 60년이 넘는 생애에 5만불 이상의 기부를 받고 10000명 이상의 고아들을 돌보았다. 그는 2실링으로 이 일을 시작했다 한다.

그는 강한 믿음과 기도에 의해 2천 명을 수용할 거대한 집을 짓고 매일 충분한 돈을 기부받아 고아를 한 끼의 식사도 거르지 않고 먹였다. 어느날 아침 수백 명의 고아들이 아침 식사를 기다리고 있는데 먹을 것이 없었다. 이 때 뮬러 씨는 "하나님 아버지, 우리는 당신이 우리에게 주시려고 하시는 음식에 대하여 감사합니다"라고 기도하였다. 그 때 문 두드리는 소리가 들렸다. 그리고 빵 제조업자가 와서 "제가 새벽 두시에 일어났는데 당신을 위하여 빵을 구워야 할 것이라고 느꼈읍니다." 그리고 또 노크가 들렸는데 우유 배달차가 고장이 나서 우유를 가지고 가라고 하여 그 아침식사를 해결할 수 있었다 한다. 그리고 미국 캘리포니아 주의 슐러 목사는 교회 세움에 이 신앙 은사를 사용한 분이다. 그는 1만 장의 유리를 사용한 초대형 교회를 세웠다. 믿음의 은사는 그 은사를 가지고 어떻게 사용하느냐에 따라 다른 결과를 가지고 오는 것을 알 수 있다. 이제 그 현재적인 실제를 몇가지만 생각해 보자.

(1) 믿음 은사를 기도에 적용할 때 기도의 은사가 된다.

"하나님을 믿으라 내가 진실로 너희에게 이르노니 누구든지 이 산더러 들리어 바다에 던지우라 하면 그 말하는 것이 이룰 줄 믿고 마음에 의심치 아니하면 그대로 되리라 그러므로 내가 너희에게 말하노니 무엇이든지 기도하고 구하는 것을 받은 줄로 믿으라 그리하면 너희에게 그대로 되리라"(막 11 : 22-24).

어떤 성도는 믿음의 능력으로 오랫동안 기도한다. 믿음의 은사로 비비범한 신뢰의 기도를 서슴치 않고 드리며, 또 그 응답을 반드시 받는 기도는 기도의 은사이다. 불가능한 것을 가능케 하는 기도의 능력이라 할 수 있다. 거대한 하나님의 일을 꿈꾸며 그것을 현실로 바꾸는 기도를 하며 또 그렇게 하는 임무를 짊어지며 새 역사를 창조하는 믿음의 사람이다.

하나님의 백성이 하나님의 제단을 헐고 바알 신을 섬기는 죄악을 멸하기 위해, 엘리야는 기도로 하늘에서 불을 내려 제물을 태우기도 하고 저가 비오지 않기를 간절히 기도한 즉 3년 6개월 동안 땅에 비가 아니 오고 다시 기도한 즉 하늘이 비를 주고 땅이 열매를 내었다. 엘리야는 신앙 은사를 기도에 적용하여 그 땅에서 죄악을 몰아내는 데 성공하였다.

성도가 이루어야 할 하나님의 역사의 부분은 너무나 많다. 그런 하나님의 일에 직접적으로 나서서 기도로 능력적으로 일하는 사람도 있지만, 간접적으로 뒷받침하는 믿음의 기도 은사를 사용하는 사람도 절대 필요하다. 기도의 은사를 받아 믿음으로 하는 일에 대하여 생각할 때 그런 사람은 오늘날도 많다 할 수 있다.

(2) 믿음의 은사를 찬송에 적용할 때 찬송의 은사가 된다.

믿음의 은사가 있던 여호사밧은 유대 민족에게 믿음을 강조하고 군대 앞에 찬양대를 앞세워 찬송을 하게 했는데 그 찬송이 시작될 때 하나님의 복병이 일어나 적군인 암몬군과 모압군과 세일군을 쳐서 패하게 하셨다. 바울과 실라가 빌립보 옥 중에서 믿음으로 기도하고 찬미하매 지진이 나고 옥문들이 열리고 매인 수갑이 풀렸다. 그리고 옥사장이 회개하고 믿는 기적이 일어났다.

믿음의 찬송은 천사를 동원하는 천국의 황금 종소리이다. 찬송의 은사는 성도로 하여금 헤쳐갈 수 없는 어려운 난관을 뚫고 나가는 가장 큰 무기이다. 성도는 찬송의 은사로 하나님을 영화롭게 하는 것이 제일 된 목적이지만, 환란을 물리치고 시험을 이기고 슬픔과 핍박, 고통을 대적하는 강한 능력의 은사도 된다.

나는 귀신들린 사람에게서 귀신을 쫓아내며 그 사실을 체험했다. 내가 시무하고 있는 교회 근처의 마을에 무당 시어머니 귀신이 들렸다가 여인이 귀신을 쫓기 위해 교회에 나왔었다. 어느날 그 여인을 사택에 앉혀놓고 우리 부부가 찬송가 389장을 힘차게 찬송했는데, 세번째 부를 때 귀신이 발동하며 떨기 시작하더니 무섭다고 외치면서 도망가려고 했다. 그래서 그대로 도망가게 놓아두었다가 다시 그 집에 가서 찬송을 계속했더니 그 여인이 3일간 벌벌 떨다가 결국 귀신이 나가고 정신이 바로 잡혔다. 찬송은 귀신뿐 아니라 지옥까지 떨게 한다고 찬송 389장에 밝혔다.

　　원수 마귀 모두 쫓겨가기는 예수 이름 듣고 겁이 남이라.
　　우리 찬송 듣고 지옥 떨리니 형제들아 찬송 찬송 합시다.
　　믿는 사람들은 군병같으니 앞에 가신 주를 따라갑시다.
　　백성들아 와서 함께 모여서 우리 모두 함께 개가부르세.
　　영원토록 영광 권세 찬송을 우리 임금 주께 돌려보내세.
　　믿는 사람들은 군병같으니 앞에 가신 주를 따라갑시다.

(3) 믿음의 은사를 헌금에 적용할 때 축복받는 은사가 된다(렘 31 : 11 – 12).

　　예레미아 31장 12절에 물질 은사가 있다. 믿음의 은사를 헌금에 적용할 때 경제적 기적이 일어난다. 믿음으로 헌금하여 기적으로 거둠이다. 말라기 3장 10절에 복을 쌓을 곳이 없다는 것은 곧 기적이 아닐 수 없다. 물질의 복을 받는 원리는 고린도후서 9장 6절, 열왕기하 4장 1절, 열왕기상 17절 6장-16절 등에 있다.

　　텍사스의 유명한 공업가인 레터뉴는 이 믿음의 은사를 헌금에 적용한 은사자였다. 그는 헌금을 얼마 해야 되느냐를 묻지 않고 하나님의 돈 얼마를 자기가 간직하느냐를 묻고, 회사의 수입 90%를 바쳤는데 그래도 그 가족의 생활에는 부족이 없었다 한다.

　　미국에서 건설 회사를 가지고 있는 제임스 맥코믹이라는 사람은 헌금의 은사를 발견하고 수입의 50%를 주님께 바치기를 약속했는데, 그 후 계속 그 약속을 이행하였으며 현재 거부가 되었다 한다. 이런 헌금의 은사는 믿음의 은사 아니고는 할 수 없다.

　　"주라 그리하면 너희에게 줄 것이니 곧 후히 되어 누르고 흔들어 넘치도록 하여 너희에게 안겨주리라"(눅 6 : 38) 라는 말씀이 실현되는 기적이다.
 이 은사는 사람 편에서 볼 때 헌금의 은사이고, 하나님 편에서 볼 때 **축복**의 은사이다. 우리는 사람 편에서 믿음으로 헌금하는 것에 관심을 가지고 믿음을 나타낼 때 하나님은 복의 기적을 일으켜 주신다.

(4) 믿음의 은사를 전도에 적용할 때 전도의 기적이 일어난다 (행 2 : 41, 4 : 4).

 전도는 성도 모두가 실행할 절대 의무이다. 누구나 전도를 하면 다소의 그 성과를 거둘 수가 있다. 그러나 믿음으로 전도하는 것, 전도의 은사는 다르다.
 전도의 은사가 따로 있기는 하지만 여기에서 말하는 전도는 전도의 순간의 기적을 말함이다. 전도의 은사자는 전도의 은사자로서 전문적으로 전도사로서의 역사를 계속하지만 믿음 은사를 통한 전도 은사는 하나님이 특별한 경우에만 주시는 역사이다(행 2 : 41). 빌리 그래함같은 사람은 전도의 은사자이지만 그 분과 같은 부흥사가 아니라도 믿음 은사를 전도에 적용하여 큰 교회를 이룬 사람들이 많다.
 믿음의 은사자가 역경에 부딪혔을 때 기적이 나탄난다. 믿음의 은사자는 아무리 어려움에 빠져도 하나님을 저버리지 않고 믿음이 더욱 강해지고 빛난다. 믿음으로 역경을 뚫고 나간다. 하나님께서 능력으로 보호하시는 것 그것이 사람에게 기적으로 보인다. 믿음의 은사가 모세에게는 홍해를 갈라 육지까지 걸어가고 반석을 쳐서 생수를 냈다.
 사드락과 메삭과 아벳느고는 풀무불 속에서 살아나고, 다니엘은 사자굴 속에서도 살아나왔다. 믿음의 은사자는 역경 중에 믿음이 역사하여 순간적 기적이 일어나는 것이다. 이 은사는 언제, 무엇에 접하든지 그것을 빛내고, 그것에 능력을 일으키고 하나님께 영광을 돌린다. 세상을 이기는 능력이 믿음의 은사임을 잊지 말라(요 5 : 4, 엡 6 : 16).
 할렐루야!

제 12 장

신유의 은사

(1) 신유의 의의

　병을 치료하고 건강을 회복시키는 하나님의 역사를 말한다.

(2) 신유의 종류

　① 신유의 은혜

　　신유자를 통하지 않고 개인의 믿음과 기도를 통해 병이 낫는 역사(설교 듣는 중이나 기도 중이나 길 가다가, 집회 후, 집에 돌아간 후에나 잠자는 중에도 나은 자가 있다).

　② 신유의 은사

　　일반적인 신유를 능가해서 성령이 주시는 치유의 영능을 가지고 역사하는 은사.

　　베드로(행 3 : 6, 9 : 40)도 빌립(행 8 : 7)도 바울(행 14 : 10, 행 19 : 12, 행 28 : 8-9)도 다 놀라운 신유 은사자이다. 이 은사의 원어는 복수이고 이 은사의 다양성을 내포하고 있다. 은사자라고 만능이 아니라 전문 과가 있는 것같다.

(3) 신유의 가능성

① 하나님의 치료의 하나님이시다(출 15 : 26).

신유는 하나님의 뜻이다(신 7 : 15, 시 103 : 3, 말 4 : 2). 사람을 창조하신 하나님께서 사람을 병 중에 버리시기를 원치 않으시고 고치시기를 원하신다. 의학도 하나님의 선물이니 하나님께 그 이상 치료법이 있음을 믿으라. 자동차 포드를 만든 포드 씨가 자동차를 능히 고치듯 사람을 지으신 하나님은 사람을 고치실 수 있음을 믿으라. 그리스도께서 질병을 짊어지시고 가심을 믿으라(사 53 : 4, 벧전 2 : 24).

② 주님께서 병 고쳐 줄 것을 명하셨다 (눅 9 : 1 - 2).

복음서의 주님께서 행하신 기적의 삼 분의 이가 신유의 기적이다. 이사야 53장 5절에 그가 채찍에 맞음으로 우리가 나음을 얻었다 하였다.

③ 신유는 성령의 역사 (고전 12 : 11, 약 5 : 14, 막 16 : 17)

주의 제자의 대다수가 신유의 역사를 하였다. 하나님은 그 백성인 성도가 죄의 가난과 질병과 환란에 넘어져 있기를 원하시지 않는 분이심을 믿으라.

(4) 신유의 목적

① 하나님의 영광 (요 9 : 3, 11 : 4)

신유는 신유만의 목적이 아니라 주께 영광돌림을 목적으로 해야 한다. 육신은 언제나 고쳐도 죽는 것이니 육신의 치병만 일삼지 말고 영적 문제에 더 힘쓰고 신유자는 병자가 주를 구주로 영접하고 주를 위해 그 삶을 바치도록 권고할 것이다.

어떤 목사는 받은 신유의 은사를 포기했다. 그것은 질병만 고치는 것을 목적하는 사람이 많은 까닭이었다.

② 영혼 구원의 도움 (행 8 : 4 - 7).

거라사인 귀신 나간 경우(눅 8 : 38). 막달라 마리아의 경우(눅 8 :

2). 병나음으로 구원받는 이가 많다. 신유자는 육의 병으로 기도할 때 믿음을 얻도록 권하고 육은 나아도 죽으나 영원히 죽지 않는 그 영혼의 구원을 위해 그리스도를 영접할 것을 권하라.

③ 성도에게 봉사 (벧전 4 : 10)

각각 은사를 받은 대로 하나님의 각양 은혜를 받은 청지기같이 서로 봉사하라 하셨다. 신유 은사자도 청지기같이 하나님의 자녀를 봉사하는 정신으로 은사를 사용해야 된다.

④ 믿음의 표적 (막 16 : 17)

표적은 더욱 믿음을 굳게하고 병 나은 자로 하나님 뜻대로 살게 한다. 병 나은 자는 하나님 계심을 확신케 되고 그 삶을 주께 바친다.

2. 신유의 실제

(1) 믿음으로 이루어진다 (마 17 : 19 - 20).

주님은 병을 고치실 때 네 믿음이 너를 구원하였다 하셨고, 믿음을 보시고(막 2 : 5, 행 14 : 9) 고쳐주셨다. 신유자의 믿음과 병자의 믿음이 하나가 되어 신유자는 믿고 순종하여 시행하고 병자는 믿고 받아야 한다(마 17 : 19-20, 마 16 : 17-18, 요 4 : 50, 마 15 : 28). 집회 시 영적 분위기도 중요하다.

신유자는 그리스도의 대행자임을 자각하고 환자를 불붙는 사랑으로 뜨겁게 사랑하는 것이 중요하다. 주님은 일일이 환자를 만져 고치셨다 (눅 4 : 40).

그럼 무엇을 믿을까?

① 하나님의 능력을 믿으라. 고치실 수 있음을 믿으라(마 9 : 18).
② 하나님께서 병고쳐 주시기를 원하심을 믿으라(마 8 : 1-3).
③ 병이 나을 것을 믿으라 (약 5 : 15).
④ 병이 나았음을 믿으라 (막 11 : 24).

(2) 회개로 이루어진다(약 5 : 16, 19 : 2, 눅 7 : 48, 요 5 : 14).
영적으로 바로 서야 성령께서 내 안에 역사하신다. 그것이 신유의 지름길이다(막 2 : 5).

(3) 방법을 쓸 수도 있다.
① 주님도 방법을 쓰심(요 9 : 6, 막 6 : 13).
② 하나님께서도 쓰심(민 21 : 8).
③ 선지자 엘리사도(왕상 5 : 14)
④ 제자들도(행 3 : 1, 19 : 12)

(4) 기도로 이루어진다(약 5 : 14).
① 무릎을 꿇고 기도하고(행 9 : 40, 마 9 : 25)
② 안수(행 28 : 8)
③ 안찰(마 8 : 3, 9 : 29)

(5) 권세로 이루어진다(행 3 : 6-7, 14 : 10, 막 9 : 23).
① 명령(마 9 : 6, 행 3 : 6, 약 5 : 14)
② 꾸짖음(마 17 : 18, 막 1 : 25, 눅 4 : 33)

(6) 병 낫는 상태
① 즉시 치료(눅 8 : 44, 행 3 : 5-8, 눅 15 : 28, 눅 5 : 13, 막 2:1)
② 가는 도중(눅 17 : 14)
③ 점차로(막 8 : 22-25)
④ 자기도 모르게 증상을 느끼지 않았으나 고침받음.
⑤ 말씀을 순종하는 순간에(요 9 : 7), 나아만(왕하 5 : 1-)

(7) 병이 낫지 않는 이유
① 죽을 병(왕하 20 : 1-7)

제3편 은사의 실제

② 병이 은혜가 될 때(고후 12:5,9)
③ 불신앙(히 11:6, 눅 17:6)
④ 은사를 저버린 자(요 5:14)
⑤ 신유의 은사는 모든 병을 고치지는 않는다.
　　에바부로디도(빌 2:25-27)
　　디모데(딤전 3:23)
　　드로비모(딤후 4:20)
　　바울(고후 11:3, 11:5-7, 10, 갈 4:15)

제 13 장

능력 행하는 은사

1. 능력 행하는 은사의 의의 (고전 12 : 10, 29)

능력이란 말의 성경 원어 '듀나미스'는 힘, 능력, 권능, 세력, 자원 등의 뜻이다. 영어의 다이나마이트(폭발탄)나 다이나모(발전기) 등이 다 이 말에서 유래된 것으로 무서운 힘의 발산을 뜻한다. 그런 고로 이 은사는 하나님으로 말미암아 초자연적인 놀라운 일이 사람을 통하여 일어나는 역사를 말한다. 성경은 이 기적의 은사로 가득 차 있다.

구약에는 하나님의 사람들이 그 특수한 사명을 수행하기 위해 이 은사를 사용하였고 신약에는 제자들이 복음 선포의 한 방법으로 이 은사를 사용하였다. 사도들에게는 주로 병 고치는 기적이 많고 귀신을 쫓아내는 기적과 죽은 자를 살리는 기적도 있었다. 아나니아와 삽비라가 성령을 속이다가 죽은 일, 옥중에서 기적적으로 구출된 일 등은 특이한 능력이다. 그러나 성경에는 영적인 것도 능력으로 기록되었다. 복음도 능력으로(롬 1 : 16), 십자가도 능력으로(고전 1 : 18), 내적 영력도 능력으로(엡 1 : 19, 3 : 16) 기록되어 있다. 여기 말들의 원어도 같은 다이나미스이다.

2. 능력 행하는 은사의 실제

(1) 두 종류의 능력

듀나미스(능력)로 된 성경 구절을 살펴보면 크게 둘로 분류된다. 그 첫째는 초자연적인 능력이요, 그 둘째는 영적 신령한 능력이다.

① 초자연적 능력 - 앉은뱅이를 일으킴. 표적 기사(행 5 : 12), 감옥에서 나옴, 아나니아가 바울의 눈을 보게 함, 병 고침, 죽은 자 살림(9 : 36), 귀신을 쫓음, 독사에게 물려도 살음 등(사도들의 기적)

② 영적 기적들 - 아나니아의 마음을 투시함, 바울이 부활한 주님을 만남, 빌립이 에디오피아 내시를 회개시킴, 베드로가 3000명, 5000명을 회개시킴, 복음도 십자가도 고난을 이기는 것도 능력으로 되었다.

주님은 초자연적 기적을 행할 때마다 그 이면인 면을 더 중요시하였다. 물고기 2마리, 떡 5개로 5,000명을 먹일 때도 그 기적 이면에 주님이 생명의 떡이심을 말씀하셨고, 나면서 눈 먼 사람의 눈을 뜨게 하시며 주님이 세상의 빛이심을 말씀하셨으며, 죽은 나사로를 살리시며 주님이 부활이요, 생명이심을 말씀하셨다. 자연적인 영역의 기적보다 영적 기적이 얼마나 더 놀라운 기적인가를 보여주신 말씀들이다. 이것들이 보다 큰 기적들이요, 하나님의 나라를 속히 도래하게 하는 하나님의 뜻에 맞는 기적이다. 그 놀라운 자연적 영역의 모든 기적들도 따지고 보면 다 이 목적에 있는 것이다.

(2) 오늘날도 이적은 일어나는가?

기적이 오늘날도 일어나고 있는가를 먼저 생각해봐야 한다. 악한 세대가 표적을 구한다고 한탄하신 말씀이나 못자국을 보기 원하는 도마에게 너는 본 고로 믿느냐? 보지 못하고 믿는 자들이 복되도다 한 말씀이나, 너희는 표적과 기사를 보지 못하면 도무지 믿지 아니한다고 한탄하신 말씀들을 종합해보면 보고 믿는 것은 불신앙적인 것을 알 수 있다. 기적을 본다고 믿는다면 5병 2어의 기적을 본 모든 사람이 믿없느냐 할 것이다. 그 기적을 주님이 직접 행했는데도 믿는 무리는 별로 없었다. 그런 사실은 오늘날도 마찬가지인 것이다. 믿음은 믿음으로만이 참 믿음의 경험과 믿음의 지식을 얻는 것이고, 주님은 그 믿음을 원하신다.

그리고 능력 행하는 은사란 다른 직분적인 전문 은사와 달리 상황과 많은 관계가 있다. 필요에 따라 순간적으로 주어지는 것이 통례이다. 이 은사는 소유하는 것이 아니다. 하나님께서 사람을 통하여 역사하시는 것이다. 하나님의 임재를 알리시고 사명자들의 위치를 확립하시기 위하여 하시는 것이다. 목사의 은사나 전도의 은사나 방언의 은사를 항상 사용하듯, 이 은사를 자기 의지대로 쓸 수는 없는 것이 다르다. 사도 시대처럼 교회사 시대도 자주 이 은사가 역사되었고, 오늘날도 기적은 하나님의 뜻을 따라 일어나고 있다. 그러나 대체로 특수한 사명자의 경우에 국한되어 있고 어려운 위기의 경우에 일어나고 있는 것이다. 그것은 사람이 필요해서보다는 하나님께서 하시고자 함에서이다.

(3) 귀신을 쫓아내는 능력 (행 8 : 7, 16 : 16)

능력 행하는 은사 중에 귀신을 쫓아내는 은사는 현대에 가장 절실한 은사이다. 사단의 역사는 바야흐로 세상에 만연되어 인간의 영을 몹시 괴롭히고 있기 때문이다. 성경에 보면 귀신들이 벙어리도 되게 하고 소경도 되게 하고 꼬부라지게도 하고 경련을 일으키게도 하고 난폭하게도 한다. 그러나 지금은 더 현대적인 방법을 가지고 인간을 괴롭히고 있다. 은혜 많은 곳에 사단의 역사도 따르는 것을 볼 수 있다. 오늘날 얼마나 많은 사람들이 음란한 마귀에게 사로잡혀 넘어져 가고 있는가? 귀신은 사람의 영과 인격을 끊임없이 공격하고 사람에게 들어갈 틈을 찾고 있는 것이다.

귀신을 쫓아내는 은사가 따로 있는 것이 아니고 능력 행하는 은사의 부분으로 이 귀신 쫓는 은사가 있다. 보통 교회에서 귀신 쫓는 일을 할 때에 경험은 주로 찬송을 계속 부르거나 성경을 읽고 기도로 물리칠 수도 있다. 그러나 귀신도 다 같은 귀신이 아니라 귀신에 따라 다르게 방법을 써야 한다. 악귀도 영물인 고로 사람을 알아 본다(행 19 : 13 - 16). 영력이 강한 사람에게서 도망가려 하고 악한 사람에게는 달려 든다. 능력이 있는 사람이 귀신을 쫓아 내는 것은 찬송으로도, 기도로도 않는다. 예수 그리스도 이름의 권세로 명령을 하여 추방한다. 귀신은 소리를 지르며 나가든지, 사람을 거꾸러뜨리고 나가든지, 안 나가려고 몸부림을 치다가 나가는 수도 있다.

제 14 장

영 분별의 은사

1. 영 분별 은사의 의의 (고전 12 : 10)

"사랑하는 자들아 영을 다 믿지 말고 오직 영들이 하나님께 속하였나 시험하라"(요1 4 : 1).

영 분별의 은사는 초자연적 계시로 거짓 영의 역사와 성령의 역사와 사람의 조작 등을 분별하는 영적 재능이다. 사단은 지금도 속임수를 쓴다. 자기 역사를 숨기기 위해 때로는 그리스도의 사역자로 때로는 광명의 천사로 가장하여 온다(고후 11 : 14). 거짓 복음, 거짓 선지자들이 오히려 더 득세하여 세계를 주름잡는 것도 본다. 영적 혼선이 어디든지 일어나고 있는 이 말세에 영 분별하는 은사는 절실하다.

2. 영 분별 은사의 실제

영 분별하는 은사는 많은 성도들이 원하고 있지만 그렇게 기대할 수 있는 은사가 아니다. 소수의 지도자들에게만 주어지고 있다. 이 은사는 능력 은사와 같이 어느 누가 소유하여 마음대로 사용하는 것이 아니고 즉각적으로 하나님의 뜻에 따라 주어진다. 설사 은사를 받은 사람이라 할지라도 사용하기가 조심스러운 것이 이 은사이다. 가라지를 뽑으려다 알곡에 손상을 입힐 수도 있기 때문이다(마 13 : 29). 대체로 이 은사자가 분별해야 할 것은 분명하다.

① 성령의 역사인가, 악령의 역사인가?
② 성령의 역사인가, 인간 역사인가?
③ 참 사역자인가, 거짓 사역자인가?
④ 은사가 잘 되었는가, 못 되었는가?
⑤ 신앙적인가, 육적인가?
⑥ 참인가, 거짓인가? 속임이 없는가?
⑦ 영적 단계가 어떤가?
⑧ 가르침이 바른가, 잘못됐는가? 어느 단계인가?
⑨ 참 복음인가, 거짓 복음인가? 진리인가, 비진리인가?
⑩ 이단이 아닌가?

등 그 분야가 넓다.

우선 시험해보고 성령의 도우심으로 판단하되 확정 후에도 생각해보고 원만한 숙고 후에 판단을 내림이 마땅하다. 경망한 판단은 믿을 것이 못된다. 베드로의 분별 은사 역사는(행 5장) 초대교회의 오염을 막았고, 사도 바울의 분별 은사는 교회를 진리에 굳게 서게 하였다(갈 3장, 골 2장).

제 15 장

자비의 은사

1. 자비 은사의 의의(롬 12 : 81, 벧전 4 : 9)

　자비의 은사는 긍휼을 베푸는 은사, 대접의 은사, 구제의 은사 등이 있다. 비슷한 것 같지만 남을 돕는 점만 같고 그 성질이 다소 다르다. 구제의 은사는 가난하고 불쌍한 사람을 돕는 것으로 물질적인 경향이 많고, 긍휼 베푸는 은사는 불행한 일을 당한 사람을 돕는 것으로 정신적인 면이 많다. 대접의 은사는 나그네에 대한 보살핌의 은사이다. 성경에는 이 세 은사가 각각 다른 은사로 되어 있다. 남의 어려움을 보살피는 점이 같기 때문에 여기 함께 자비의 은사로 모았다. 이런 일은 성도면 누구나 행하여야 마땅한 일이며 성령의 열매 중 하나로도 되어 있다. 이것이 은사로 되어 있는 것은 자비를 상황에 따라 행하는 것이 아니고, 항상 자비를 베풀기 위한 기회를 찾아 행하는 능력인 까닭이다. 자비를 생활화하는 능력이 이 은사인 것이다. 자비를 베푼다는 것은 보통 사람에게는 두 세 번에 불과한 것이다. 계속되는 불행이나, 계속 오는 구걸자에게 계속 연민의 정을 느낄 사람은 없다. 그러나 이 은사자에게는 다르다. 깊숙이 깔린 사랑과 초자연적인 힘으로 성령의 인도를 받는 하나님의 손발이 되어 자비를 계속 역사하는 것이다.

2. 자비 은사의 실제

자비 은사의 실제는 광범위하지만 여기에는 그 정신적인 면을 간단히 생각해 보고자 한다.

성경은 그 실천적인 면을 한마디로 말했다. "구제하는 자는 성실함으로, 베푸는 자는 즐거움으로, 대접하기를 원망 없이 하라" 하였다.

성실함이란 구김이 없는 단순한 성의있는 마음, 정직한 마음, 가장이 없는 마음이다. 사람이 이런 열린 마음으로 남을 도울 때 즐거움으로 행동할 수 있다. 그러므로 이런 사람은 다른 부수적인 동기가 있을 수 없다. 대우를 바라거나, 존경을 바라거나, 칭찬을 바라지 않고 순수한 마음으로 은밀히 하기를 바란다. 그래야 자비를 받는 사람이 참 위로가 되고 힘이 될 수 있다. 특히 즐거움으로 한다는 것도 중요하다. 그 일이 자비이니 만큼 억지나 인색함이나 의무감이 아니라 즐거움으로 해야 받는 이가 사랑을 느끼고 즐거울 수 있다. 도움을 받는 사람은 물질 이상, 그 어려움 이상, 그들의 마음이 더 불행에 처해 있는 수가 많기 때문이다. 무엇을 돕기 전에 그들의 마음부터 치료해 주는 것이 중요한 것이라 생각한다. 그래서 이 은사자는 성실함으로 또 즐거움으로 하라고 말씀한 줄 안다.

하나님은 하나님의 백성들의 부족함을 공급하는 이 은사를 즐겨 쓸 사람을 부르신다. 가난한 자, 버림받은 자, 병든 자, 고아, 과부, 의지 없는 노인, 집이 없는 자, 불구자, 정신박약자, 슬픔을 당한 자 등 실로 자비를 기다리는 사람은 너무나 많다. 이런 자에게 하나님의 공급하는 힘으로, 능력있게, 언제나 솟아나는 즐거움으로 자비를 베풀 이 은사가 절대 요구되고 있다. 오늘날도 이러한 은사를 가지고 자기의 모든 것을 바치고 기쁘게 일하는 사람들을 생각하며 하나님께 감사한다.

제 16 장

방언의 은사

1. 방언 은사의 사역
   (고전 12 : 10, 막 16 : 17)

고린도전서 12장, 기적적인 은사 중에 오직 신약만에 있는 은사는 방언의 은사와 통변의 은사이다. 그 중 방언의 은사는 이사야 선지가 예언한 바요(사 28 : 11-12), 주 예수께서 친히 약속하여 주신 은사이기도 하다. 주님께서 말씀하시기를 "믿는 자들에게는 이런 표적이 따르리니 곧 저희가 내 이름으로 귀신을 쫓아내며 새 방언을 말하며"라고 하였다(막 16 : 17).

이 은사는 오순절 마가의 다락방에서 120성도가 성령을 받은 즉시 나타났고 이후 계속해서 예루살렘 교회, 사마리아 교회, 가이사랴, 에베소 교회, 고린도 교회를 거쳐 세계로 뻗어나간 놀라운 은사이기도 하다.

사도행전을 보면 초대교회에 있어 이 은사는 성도들에게 끼친 영향이 컸고, 그들이 영적생활을 하는 데 잘 활용하여 큰 성과를 거둔 듯하다. 그러기에 사도 바울은 성도 모두가 다 방언 말하기를 원했고(고전 14 : 15), 방언 말하기를 금하지 말라 하였으며(고전 14 : 39), 자기가 누구보다도 방언을 더 말함으로 하나님께 감사하노라(고전 14 : 18)고 하여 방언 은사에 대한 솔직한 자기 심상을 토로하였다.

방언 은사는 자기의 덕을 세우는 아름다운 은사이다. 자기의 덕을 세운다는 것은 자기의 신앙을 키워준다는 뜻이다. 곧 방언은 자기의 신앙을 키워주는 좋은 은사라는 뜻이다. 성 프랜시스가 가장 즐겨 써서 자기를 거룩케한 은사가 이 방언 은사였고, 루터가 종교 개혁 때 밤마다 밤을 새우며 기도하여 능력과 용기를 얻은 은사가 이 은사였다 한다. 경건을 주장하는 칼빈도 방언 은사를 부인하지 않고, 방언은 어학을 배워서 하는 말이 아니라 성경적이고도 기적적인 은사라고 그의 저서에 기록하였다.

성 프랜시스는 밤에 혼자 있으면서도 누구와 도론 도론 이야기하는 것같아 제자들이 문 틈으로 보면 혼자 방언으로 기도하고 있었다 한다. 방언 은사는 다른 은사 못지 않게 신비를 지닌 기적의 은사이기 때문에 사람의 이성으로 이해하기 힘들어 오해를 받는 일이 있고 또 은사 받은 사람도 잘 몰라 오류를 범하여 탈선하기 쉽다. 그래서 사도 바울은 고린도전서 14장을 기록하여 그들의 잘못을 바로 잡으려 했다.

오늘날도 은사에 대해 가장 오해와 반대를 받는 은사는 이 방언 은사이고 이론이 많은 은사도 이 은사이다. 또 은사 받은 사람 중에 잘못된 사람이 있는 것도 사실이다. 그러기에 이 은사는 잘 알 필요가 있다. 받은 사람은 이 은사에 대해 잘 알아야 부덕을 끼치지 않고 바로 사용하여 자기 신앙 성장에 큰 도움을 받을 수 있고 못 받은 사람은 받는 데 도움이 된다.

나는 방언에 대한 많은 책을 읽어보았다. 그러나 글 쓴 사람이 대체로 은사 체험이 없는 학자들의 손으로 이루어졌기에 마음에 이해가 가는 해설이 없었고 실제로 은사생활에 도움이 될 글이 별로 없었다.

영적생활을 하고자 하는 성도에게는 해설이나 비판이 필요한 것이 아니고 실제 생활에 도움이 되는 지도의 말이 필요한 것이다. 여기에 다

소나마 도움이 될까 하여 방언의 실제에 대해 적고자 한다.

이 기록은 성경을 근거한 것이고 또 실제 체험들을 근거하여 기록한 것인 만큼 영적생활에 도움이 될 수 있고 자기의 덕을 세우는, 즉 자기 신앙을 성장시키는 데 도움이 될 수 있을 것이라 생각된다.

(1) 방언 은사의 의의

① 방언으로 기록됨(행 2 : 4, 고전 14 : 5).

성경 원어 헬라어 "그로샤"는 '혀'라는 뜻이다. 고린도전서 12-14장에만 19회 언급되었다. 혀로 역사하는 은사라는 뜻이다.

② 성령의 나타남과 능력이다(고전 2 : 4, 행 10 : 45-46).

하나님은 자연을 통해 나타나신 때도 있고(출 3 : 2), 또 성전 안에 나타나신 일도 있다(왕상 8 : 11). 그러나 성령은 성부 하나님과 다르다. 성령은 우리 인간 안에 역사하시는 하나님이시기에 인간을 통해 나타나신다.

방언은 마음을 통하지 않고 그 영이 직접 입을 통해 나타나는 성령의 역사이다. 전파를 통해 라디오에 소리가 나고 텔레비젼에 화면이 나타나듯 성령께서 인간을 통해 나타나심이다.

③ 방언은 영으로 비밀을 말함이다(고전 14 : 2).

방언은 자기와 하나님께 말하는 영적 언신법(言信法)이다. 자기 영에 성령이 말하는 것이나, 사람의 영이 영이신 하나님께 말하는 이상 사람이 알아 들어봐야 은혜받는 데 지장이 된다.

방언은 영이 영이신 하나님께 드리는 직통 기도이다. 사람의 마음이 알 필요가 없다. 사람이 그 안에 두 개의 인격, 이성과 영성이 머물러 있는데 방언이란 성령으로 말미암아 사람의 이성이 압도 당하여 정지되고 영성만 힘차게 역사하여 직접 혀에 발성하는 영적 기도이다. 성도는 영적생활을 하려면 과거 불신의 때 주도권을 쥐었던 육성은 억제 당하고 영성이 힘차게 역사해야 되는 것이다.

2. 방언 은사의 실제

(1) 방언 은사의 성질과 활용

① 성령 세례의 표의 하나 (행 10 : 44 - 46)

오순절 마가의 다락방에 성령이 내려질 때 제일 먼저 그들에게 나타난 은사는 방언 은사였다. 고넬료의 가정에 베드로를 청하여 집회를 가졌을 때 이방인들에게 성령이 내려졌는데 그 표가 방언이었고, 에베소 교회에 바울이 가서 성령받도록 안수함에 저들이 성령을 받았는데 그 증표도 방언과 예언이었다 (행 19 : 6).

방언 은사는 성령받은 외적이요, 육체적인 징표이니 방언 은사를 받을 때 성령받은 확신에 서게 되고, 중생의 확신에 서서 주의 뜻대로 살기를 힘쓰게 된다. 첫편에서 논했지만 성령 세례의 표가 방언만이 아님을 부언해둔다.

② 성령의 도우심의 확신 (행 2 : 4).

방언은 사람의 임의로 되는 것이 아니고 성령의 도우심으로 이루어진다. 사도행전 2장 4절에 성령이 말하게 하심을 따라 다른 방언으로 말하기를 시작하였다 하였다. 방언 은사를 받은 자는 자기 안에서 성령께서 자기를 통해 도와주고 계시다는 것을 확신하고 신앙으로 담대히 살 수 있다.

③ 방언 기도는 정통 기도 (롬 8 : 26)

방언 기도는 인간의 생각을 배제하고 성령의 도우심으로 바른 기도를 하나님께 하게 한다.

④ 방언 기도는 직통 기도

성령이 도와 이루는 기도이니, 성령은 곧 하나님이시니 방언 기도는 직통 기도요, 능력의 기도가 된다.

⑤ 방언 기도는 영통 기도

방언은 영이 혼과 육보다 높은 위치에서 기도하는 비밀 기도이다. 고린도전서 14장 2절에 "이는 알아듣는 이가 없고 그 영으로 비밀을 말함이라"하였다. 방언 기도는 혼이나 육이나 또는 누구에게라도 방해를 받지 않고 사단의 방해도 절대 받지 않는 비밀의 기도요, 영통 기도이다.

⑥ 방언 기도는 영통의 기도

방언 기도는 정신력을 초월하여 하나님과 더불어 교통하는 영적 회락을 주고 영적 건강을 주고 하나님의 뜻대로 순종하여 살게하는 신비한 기도이다. 비록 그 마음에는 열매를 맺지 못한다 하더라도 (행14 : 14) 영적 열매도 못맺는 것이 아니라 사람의 영이 하나님의 영과 초자연적인 영적 기도를 하는 것이 방언 기도이니 영은 더욱 큰 열매를 맺는다. 영은 이 교제로 인해 성화를 이루고 성장하게 된다. 콩나물을 키우는 데 물을 부으면 물이 다 내려가도 콩나물은 자라듯 방언 기도는 마음에 결실은 없어도 영에는 결실이 많다.

⑦ 방언 기도는 영성의 결실 기도 (고전 14 : 3)

영적 성장, 영적 건강을 주고 영적 용기와 담력과 능력을 주고, 육성은 죽어지고 영성이 강해져 성결을 이룬다.

⑧ 방언 기도는 영의 환희의 기도

영적 안식과 유쾌함을 준다 (사 28 : 11).

방언은 성령과의 영적 교제인 고로 안식이 있고 영혼의 그윽히 깊은 데서 기쁨이 솟는다. 영의 자유를 주는 기도이다. 아무리 어려움 중에서나 근심 걱정 중에도 방언기도를 하면 성령은 근심의 먹구름을 거두어 주시고 위로와 소망을 주시며 기쁨을 주신다. 주께 부르짖으면…… 저녁에는 울음이 기숙할지라도 아침에는 기쁨이 온다 (시 30 : 2-5). "평안을 너희에게 끼치노니 곧 나의 평안을 너희에게 주노라 내가 너희에게 주는 것은 세상이 주는 것 같지 아니하리라 너희는 마음에 근심도 말고 두려워하지도 말라"고 하신 (요 14 : 27) 주님 말씀이 어떻게 우리 안에 이루어지는가? 성령과의 영적 교제에서 이뤄짐이 아닌가? 참으로 성도가 이 은사로 깊이 성령과 사귈 때 근심도, 두려움도 물러가고 참 기쁨과 평안을 얻게 됨이 마땅하다.

⑨ 방언 은사는 영적 활력소

신앙의 활력소가 된다. 방언 기도를 하면 기도의 힘을 얻고, 찬송의 능력을 얻고, 기쁨과 열심과 사랑과 봉사의 힘을 얻는다. 배에서 생수가 강같이 솟아 흘러간다(요 7 : 37 - 39). 방언 은사를 받은 사람치고 교회 섬김에 열심 없는 이 없고 교역자 받들어 섬기지 않는 이 없다(엡 4 : 12). 만일 그렇지 못하다면 은사를 잘못 받은 것이다(벧전 4 : 10).

⑩ 방언 기도는 승리의 기도 (롬 8 : 20)
환란, 핍박, 시험, 유혹, 사단을 물리치는 강력이다.
⑪ 방언 기도는 통변되는 말(고전 14 : 2)
통변을 할 때 예언이 되고 권면 위로 책망이 되어 성도를 바로 잡고 어긋난 길에서 돌아서게 하여 깨어 믿게 한다.
⑫ 이 은사는 기초 은사
제자들도 방언 은사를 받고 다른 은사를 받게 되었다.
⑬ 이 은사는 능력과 자유를 주는 은사이다.
무엇보다도 귀한 것은 방언 은사는 죄 지은 자를 자유롭게 하고 죄를 깨뜨려버리는 능력을 주고, 방언 자와 듣는 자에게 성령의 능력을 주는 점이다. 성령에 사로잡혀 사는 성도는 방언이 죄를 막아주고 죄의 환난과 위험을 막아주는 역할도 한다. 즉 죄지을 일이나 위험한 일이 일어날 것을 알리기도 하고 죄를 지으려 하거나 위험한 일에 빠지려 할 때 성령께서 방언을 통해 적신호를 보내고 이길 힘을 주심은 감사하지 않을 수 없다. 방언 은사를 받은 성도가 교통사고 같은 어려운 일이 일어나기 직전 방언을 통해 피할 길을 얻는 사례도 있다.

(2) 방언 은사의 발전
① 처음은 혀가 굳어지고 말이 마음대로 되지 않고 불쾌한 잡음과 같은 소리가 무의식적으로 발성됨으로 시작된다. 말하고자 하는 말이 나오지 않고 자기도 모르는 말이 나옴으로 시작된다.
② 증거 방언자가 기도하고 사모하면 은사 방언을 주신다.

③ 증거 방언 받은 몇 년 후 은사 방언 받는 이도 있다.

④ 방언을 잃고도 다시 사모하면 방언이 다시 터진다(딤후 1 : 6). 한 번 은사받은 이는 소멸되는 일이 드물다.

⑤ 이 은사도 계속 발전된다.

한 방언이 각종 방언으로 폭넓게 발전된다(한 방언은 기도뿐인 방언). 한 방언만 오래 말고 각종 방언으로 발전해 나가라.

⑥ 방언도 영에 따라 다르다(고전 14 : 12).

어떤 이는 바다 물결처럼 영감이 가득 찬 방언을 하고, 어떤 이는 생수처럼 하늘 바람처럼 신성하고 생생한 방언을 한다. 어떤 이는 이슬처럼 조용한 세미한 방언도 있었다.

⑦ 마음으로, 영으로 찬송하고 기도로 연결되는 이도 있다(고전 14 : 15).

⑧ 방언은 절제된다(고전 14 : 27, 32, 33).

⑨ 방언은 성령이 자기에게, 자기 영이 성령에게 말한다(기도와 응답).

⑩ 방언으로 기도를(14 : 14), 또는 찬송을(14 : 15), 축복을 (14 : 16), 감사를(14 : 16) 하고 하나님께 송축도 한다.

⑪ 방언 은사는 모든 사람에게 주어지는 것이 아니다(고전 12 : 30). 모든 사람이 다 같은 은사를 받는 것이 아니라 성령의 임의로 주신다. 그러므로 자랑도, 낙망도 금물이다. 그의 뜻에 순응할 뿐이다.

⑫ 교회의 덕으로 볼 때는 예언 다섯 마디가 일만 마디 방언보다 낫지만 자기 덕을 세우는 데는 예언보다 방언이 나을 수도 있다.

(3) 방언의 주의

① 이 축복을 남용, 오용, 도용 말라.

② 덕을 세우라(고전 14 : 26). 은사를 쏟지 않도록 청결한 생활을 하라.

③ 특히 말을 삼가라(약 3 : 11).

돼지 앞에 진주를 던지지 말라(마 7 : 6). 은사는 거룩하다. 귀한 것일수록 귀중히 보관해야 한다.

④ 방언 은사는 때와 장소와 경우를 보고 역사해야 덕이 된다(고전 14 : 26).

⑤ 의심의 연막탄을 마귀는 뿌린다. 의심을 물리치라.

⑥ 방언이 처음부터 강할 수 없다. 의심을 물리치라. 발전시키면 점점 강해져 간다.

⑦ 적당하고 질서있게(고전 14 : 27) 하고 덕을 세우기 위해 힘쓰라.

⑧ 방언을 금하지 말라.

메마르고 냉냉한 부흥 없는 교회보다 약간 시끄러워도 뜨겁고 싱싱하고 거룩하고 능력있는 기쁨이 찬 은사있는 교회가 더 좋다.

⑨ 방언도, 제제도 받고 분별도, 지도도 받아야 한다. 사람의 영과 성령과의 합작으로 이루어지므로 말이다.

⑩ 방언 은사자는 방언을 절도있게 하되 예배에 지장을 주지 말고 성령께 욕을 돌리지 말라. 이 은사도 사랑으로 소중히 역사해야 된다. 남에게 상처가 안 되도록 조심을 해야 된다.

제 17 장

방언 통역의 은사

1. 방언 통역의 은사란 무엇인가?

본문 : 고린도전서 12장 10, 30절, 14장 26, 28, 5, 13, 27절

(1) 방언 통역 은사의 의의
 ① 신약만에 있는 방언과 예언을 겸한 은사이다.
 ② 성령의 초자연적 능력 역사로 선택된 성도의 입을 통해 방언을 통역하는 말의 은사이다.
 ③ 성경 해석이 아니다.
 ④ 방언을 통역함으로 예언이 된다(14 : 5).
  통역으로 계시가 되고 지식이 되고 예언이 되고 가르침도 된다 (14 : 6).
 ⑤ 방언 통역이란 원어($διερμηνευτής$)이니 누가복음 24장 27절에 엠마오 도상 두 제자에게 주께서 자세히 설명하셨다는 단어와 같은 바, 방언한 것을 번역한다는 것보다는 그 영적 의의를 자세히 풀어 일러주는 일이다.

(2) 방언 통역의 목적

회중에게 덕을 세우고, 권면과 안위를 주기 위해서이다(고전 14 : 3).

(3) 방언 통역의 종류 (고전 14 : 6)

① 묵시 – 영계에 대한 계시
② 지식 – 영적 지식을 보임
③ 예언 – 하나님의 뜻을 보임
④ 교훈 – 신앙생활의 실제 교훈
⑤ 기도와 응답(고전 15 : 28, 15)
⑥ 찬송(고전 14 : 15)

2. 방언 통역 은사의 실제

(1) 방언 통역 은사의 활용

① 방언하는 말에 관계 없이 통역의 말 장단이 있을 수 있다.
② 방언이 짧으나 통역은 길 수도 있다.
③ 방언 통역의 주장자는 성령이시나 통역을 하고 있는 분은 사람이니 성령은 그 사람의 것을 사용하여 통역하신다(그 재능, 신앙, 배경 등 사용).
④ 용솟음치는 통역도 있고, 부드럽고 고요한 통역도 있다.
⑤ 방언자와 통역자의 영이 성령으로 하나 되야 된다.
⑥ 뱃속에서 생수가 솟음같이 나와야 된다.
⑦ 통역자는 믿음과 용기와 순종으로 하라.
⑧ 비난을 두려워 말아야 한다.
⑨ 방언 통역은 영혼에 일어나는 성령의 감동을 즉각 순종하고 하나님의 말씀, 즉 영음을 영수하는 태도로 통역할 것이다.
⑩ 예민한 영으로 가차 없이 통역해야 된다.
⑪ 유한한 인간의 기관을 통해 역사하는 것이니 요점을 잊지 않도

록 하고 인간의 생각을 첨부 말 것이다. 모세도, 다윗도 실수하고 세례 요한도 의심했다. 교만을 버리고 겸손과 순결로, 경건함으로, 성령께 자신을 맡겨야 한다.

⑫ 쉽고도 분명하며 간결하게 깨닫도록 전할 것이다. 그 모임의 영적 분위기도 중요하다.

⑬ 통역자는 분변자에게 제제를 받는다(고전 14 : 28-33).

⑭ 통역하기를 기도하라(고전 14 : 13).

⑮ 통억은 항상 하는 것이 아니라 성령의 통역 영감이 있을 때만 한다.

제4편
영적열매의 실제

"성령께서 맺어 주시는 열매는 사랑, 기쁨, 평화, 인내, 친절, 선행, 진실, 온유, 그리고 절제입니다. 이것을 금하는 법은 없읍니다"(갈 6:21-23).

제 1 장

영적 열매의 의의

성령을 받는 것은 가장 좋은 것이기에(마 7 : 11, 눅 11 : 13) 받는 순간 나와 세상은 간 곳 없어지고 구속한 주만 보인다. 돈도, 지위, 권세, 명예도, 장관도, 대통령도, 백만장자도 부럽지 않고 세상 모든 것을 다 가진 충족감에 충만해진다. 하늘의 모든 보화가 한꺼번에 쏟아져 오는 기쁨! 그러나 주께서 이 좋은 성령을 주심은 만족의 도취가 아니고 성령을 쫓아 살아 성령의 열매를 맺으라 함이다. 성령의 열매 맺어 주께 영광 돌림에 있다.

하나님께서 우리에게 성령 주심의 근본 목적은 구원에 있지만, 성령받은 자 필연적으로 맺을 것은 그 열매라는 것도 명심해야 한다. 열매 맺지 아니하는 나무는 찍어버리겠다는 경고를 성도는 항상 마음에 간직해야 된다(눅 13 : 7).

열매는 은사보다 귀하다. 고린도전서 13장에 사랑이 없으면 모든 은사가 무익하다 하였고, 마태복음 1장 19-23절에 주의 뜻대로 행하지 못하면 은사 역사도 보람이 없고 불법자로 인정되고 주 앞에 설 수 없게 된다고 하셨다.

가을나무에 열매가 가득히 열린 것을 생각해보라. 얼마나 아름답고

탐스러운가! 성도의 열매는 하나님을 기쁘시게 한다.

1. 성령의 열매란 무엇인가?

성령의 열매란 노력이나 수양으로가 아니요, 성령으로 살 때에 성령의 성품이 성도의 안에 이루어져서 그 마음과 행실에 나타나지는 결과이다. 사실 그것은 성령의 역사와 사람의 역사가 합작된 영적 열매이다. 아들이 아버지를 닮듯, 포도나무가 포도를 맺듯, 성령받은 자가 성령의 성품을 이루어 그 마음과 생활에 나타내는 것을 말한다.

2. 성령 열매의 특성

(1) 자 연 성

"내 안에 거하라 나도 너 안에 거하리라 가지가 포도나무에 붙어있지 아니하면 절로 과실을 맺을 수 없음 같이 너희도 내 안에 있지 아니하면 그러하리라"(요 15：4) 하였다.

이 말씀은 열매를 맺는 것은 인간의 노력으로 안되는 것을 가르치는 동시 그리스도와의 결합을 가르쳐 주시는 진리이다. 나무들은 겉으로는 절로 열매가 맺어지는 것같지만 실은 가지가 나무에 붙어 있어 수분과 영양을 섭취하고 동화작용을 하는 등, 신비로운 창조 작업에 순응해야 하는 것이다. 성령의 열매는 성령 능력으로 맺지만 성령의 열매를 맺으려면 또한 성령에 따라 사는 사람의 순응 생활이 절대 필요하다. 성령을 받은 사람이라 할지라도 성령을 소멸하고 육에 따라 살면 별 수 없이 육의 열매를 맺는다. 그러므로 갈라디아서 5장 17절에 육체의 소욕은 성령을 거스리고 성령의 소욕은 육체를 거스리나니 이 둘이 서로 대적함으로 너희의 원하는 것을 하지 못하게 하려함이라 하였다.

(2) 보 편 성

성령의 은사는 성령의 임의대로 필요에 따라 나눠 주시지만 성령의 열매는 누구나 성령을 받은 사람이면 맺는 것이다.

은사는 특수적이요, 열매는 보편적이다. 그러나 나무의 열매가 다 같지 않듯 성령의 열매가 다 같을 수가 없다. 성령에 쫓아 어떻게 사느냐에 따라 열매가 충실할 수도 있고, 부실할 수도 있다.

이사야 5장 2절에 "땅을 파서 돌을 제하고 극상품 포도나무를 심었도다. 그 중에 망대를 세우고……좋은 포도 맺기를 바랐더니 들 포도를 맺었도다" 하였다.

(3) 시 간 성

열매가 맺히기까지는 시간이 필요하다. 처음은 씨요, 다음은 싹이요, 다음은 풀이요, 다음은 나무요, 다음은 잎과 꽃이요, 다음은 열매요, 다음이 완전한 열매이다. 중생은 순간에 되지만 열매는 시간적이다. 열매를 맺기까지 꾸준히 물도, 거름도, 전지도 해줘야 하는 것처럼 말씀과 기도와 순종의 생활로 기다려야 하겠다. 싹에서 마르는 신앙되지 말고, 줄기에서 시드는 신앙되지 말고, 꽃이나 풋 열매에서 떨어지는 신앙되지 말고, 충실한 성령 열매를 맺자.

3. 열매의 종류

사랑, 희락, 화평 – 하나님과의 관계 열매.
인내, 자비, 양선 – 사람과의 관계 열매.
충성, 온유, 절제 – 자기에의 열매.

불같이 타는 사랑은 뜨거워야 하고
샘물같이 솟는 희락은 넘쳐 흘러야 하고,
봄날같이 화창한 화평은 따뜻이,

반석같이 굳은 인내는 굳세게,
모정같이 따뜻한 자비는 넓게,
양털같이 부드러운 양선은 깊게,
비둘기같이 유순한 온유는 부드럽게,
칼날같이 단호한 절제는 무섭게 해야 한다.

이제 성령 열매의 실제적인 문제를 연구해보자.

제 2 장

사랑의 열매

1. 사랑의 열매란 무엇인가? (롬 15 : 30-33)

사도 바울은 로마 교인들에게 "형제들아 내가 우리 주 예수 그리스도로 말미암고 성령의 사랑으로 말미암아 너희를 권하노니라" 하였다. 성령은 사랑의 성령이시다. 성령의 사랑은 성령에 있어서의 사랑의 로맨스이고 특질이다. 로마서 5장 5절에 성령을 통하여 하나님의 사랑이 부은 바 된다고 한 것은 사랑은 성령과 함께 온다는 말이다. 성령께서 우리 안에 임재하실 때 증거와 진리와 능력이 주어지는 것처럼 하나님의 사랑도 이식되어진다는 말이다. 그것이 우리 안에서 열매가 되는 것이다.

여기의 사랑은 에로스(남녀 사랑)도, 필리아(친구 사랑)도, 스톨케(친족 사랑)도 아니요, 아가페의 사랑(무조건적 사랑)이다. 지정의를 다 해 상대편의 최선만을 생각하는 행동과 노력이다. 자기의 이해나 감정이나 그런 것은 아랑 곳 없이 상대의 행복만 생각하는 사랑이다. 그 사랑의 성령이 내 안에 거하실 때 인간으로서 할 수 없는 이 아가페의 사랑을 하게 되고 우리가 그렇게 살아갈 능력을 얻는다.

사랑의 성령은 우리 안에서 세상을 향해 고뇌하고 슬퍼하고 괴로와하며 사랑의 완성을 위해 우리를 움직여 가신다.

2. 사랑 열매의 귀중성

성령 열매의 첫째는 사랑의 열매이다.

캄벨 몰간 박사는 "사랑은 성령 열매의 전체이다. 그리고 갈라디아서 5장 22절의 기타 열매들은 전부 사랑의 한 포괄적 특질에 불과하다" 하였다.

우찌무라 간조 씨는 "열매는 성경 원어로 '호카포스'로 단수인데, 영이 맺는 열매는 육의 일들과는 달리 단 하나이다. 다만 나타나는 방면이 다를 뿐이다. 자신에게 희락과 화평, 이웃에게 인내, 자비, 양선 그리고 그의 성품은 충성, 온유, 절제"라 하였다.

사랑은 하나님의 계시를 완성하고 인간의 일체의 본분을 총괄한다. 성령의 아홉가지 열매는 물론 모든 은사까지도 이 사랑이 결실시키며 성도가 믿는 모든 교의도 이 사랑이 든든케 한다. 사랑이 없으면 모든 것이 껍데기뿐이요 소리뿐이다. 시끄럽기만 하다. 사랑이 없는 자 그 안에 하나님이 계시지않고, 사랑에 거하는 자 그 안에 하나님도 거하신다.

3. 사랑 열매의 실제

열매란 실생활에 나타나지는 것을 말한다. 나타남이 없으면 열매라고 할 수 없다. 사랑을 나타내야할 범위는 넓지만 중요한 몇 부분을 알아보자.

⑴ 하나님 사랑(신 6 : 5)
　　마음을 다하고 성품을 다하고 힘을 다하여 주 너희 하나님을 사랑

하라 하였다. 즉 이 말은 하나님을 사랑하는 것이 전신 전력이 되어야 할 것을 말한다. 마음이란 정신적인 분야의 모든 것의 총칭이고, 성품 (네페쉬)이란 말은 영혼이라고 번역할 수 있는(삿 5 : 21, 시 3 : 23, 시 23 : 3과 같은 단어)말이니 인간 전 존재로 하나님 사랑함을 말한다. 거기에 힘까지 합했으니 전심 전영 전력의 사랑을 뜻한다. 즉 하나님을 사랑하는 생활이 삶의 중심이 되야 할 것을 말한다. 다 한다는 것은 하나님께 다 주어버리는 것을 말한다. 다 주어버렸으면 자기의 것은 없다. 사나 죽으나 하나님밖에 없는 상태이다. 마음이 하나님 외에 다른 것에 없는 상태를 말한다. 자기를 생각해서도 안되고 세상을 생각해서도 안된다. 오직 하나님만 사랑하는 것을 말한다.

  하나님께서 아브라함에게 100세에 낳은 아들 이삭을 잡아 모리아 산에서 번제를 드리라 하셨다. 그는 서슴치 않고 순종하였다. 제단 위에 이삭을 묶어 놓고 잡아 제사를 드리려 할 때 하나님의 사자는 하늘에서 말했다. "그 아이에게 손을 대지 말라 아무 일도 그에게 하지 말라 네가 네 아들 독자라도 내게 아끼지 않았으니 내가 이제야 네가 하나님을 경외하는 줄을 알았다 했는가." 하나님을 사랑하는 마음이 그 생각과 마음 안에서 머물러 있어서는 안된다. 사랑은 행위의 문제이다. 사랑은 부화가 되어 행동이 움직여져야 비로소 사랑이다. 하나님 사랑을 마음, 영혼, 힘을 다 해 실천으로 나타내야 한다.

  주일 성수, 십일조 생활, 기도 생활, 전도 생활, 봉사 생활로 나타내고 하나님의 교회를 잘 받들고, 섬기고, 하나님 뜻을 이루어 드림으로 불쌍한 사람을 도움으로 하나님 사랑을 나타내야 한다. 우리는 전적인 성령의 소유가 되어 사랑의 열매를 완성해 가자.

(2) 가족 사랑 (딤전 5 : 8)

  "누구든지 자기 친족 특히 자기 가족을 돌아보지 아니하면 믿음을 배반한 자요, 불신자보다 더 악한 자니라" 하였다. 흔히들 성도들이 믿음을 핑계하여 기도원에나 들어가 가족을 떠나 혼자 살고 싶어하는 사람이 있다. 그러나 여기에 가정에서 자기 업무를 감당하는 일도 믿음과 관계가 있는 것을 보였다. 성령을 받은 사람은 먼저 자기 가족부터 사랑할 줄 알아야 남도 사랑할 수 있다. 자기의 핏줄이 통하는 하나님의 절대 주권으로 맺어준 가족도 사랑 못하면 무엇을 사랑할 수 있으랴?

오늘날 문제는 가정 문제도 크다. 노인 문제, 부부 애정 문제, 자녀 문제, 형제간 문제 등 많은 해결할 문제가 쌓였다. 사람이 사람을 이해한다는 것은 가장 어려운 일이다. 상대를 잘 알아야 하기 때문이다. 사람은 부모도, 자녀도 잘 알 수 없고 평생 함께 사는 부부도 서로 몰라서 싸우고 이혼도 한다.

그러나 성령 안에서는 서로 통할 수 있고 하나가 되고 사랑할 수 있다. 성령의 눈으로 볼 때 사랑 못할 아무 것도 없다. 그것은 하나님의 사랑의 눈이요, 원수까지 사랑한 그리스도의 눈이기 때문이다. 성령에 충만하라, 그것이 가정 문제의 해결 길이다.

서울대학교를 나온 한 목사님 아들이 이대를 졸업한 장로님 딸과 결혼을 했다. 황홀한 결혼이었다. 모두가 부러워했다. 신랑은 의대를 나왔기에 병원을 개업하여 돈을 잘 벌고, 신부는 가정과를 나왔기에 살림을 잘한다. 얼마나 행복할까? 그러나 문제가 생겼다. 성격이 극과 극이었다. 신랑은 느리고, 신부는 급하다. 그래서 결혼 후 1년만에 이혼하게 되었다. 그래서 신랑이 주례 목사님을 찾아가서 사정을 호소하니 그 목사님 말씀이 병원 문닫고 10일만 금식 기도 하라는 것이었다. 말씀대로 금식 기도를 하여 심령이 새롭게 되어 목사님께 왔다. 목사님은 말씀하셨다. "어떤 일이 일어나도 아멘, 할렐루야! 감사합니다! 하고 기도를 하라" 하신다. 집에 오니 부인이 다시 싸우자 하고 이혼을 하자 한다. 그러나 신랑은 목사님 시키는 대로 했다. 그런데 어쩐 일인가! 부인은 넋을 잃고 보더니 회개하고 함께 기도하여 가정이 새로운 출발을 하게 되었다 한다. 할렐루야!!

(3) 이웃 사랑

　사람은 사람과 산다. 거기에는 원하든 원치 않든 이웃이 있기 마련이다. 그 이웃에게 내가 어떻게 대하며 사는가 하는 것은 우리의 믿음과 관계가 있다. 이웃에게 그리스도의 빛과 사랑이 반영되야 한다. 그들이 우리의 행실을 보고 하나님께 영광을 돌리든지, 욕을 돌릴 수도 있기 때문이다. 주님은 우리의 이웃에게 하는 것이 곧 주께 하는 것이라 하여 이웃 사랑의 중요성을 밝혀주셨다.

　어떻게 우리가 이웃을 사랑할까? 선한 사마리아 비유로 가르쳐 주셨다. 강도 만난 사람에게 처음 지나간 사람은 제사장이요, 두번째 지나간 사람은 레위인이다. 그들은 그 중요한 위치에 있으면서도 그 불쌍한 사람을 피하여 갔다. 그러나 제일 마지막 간 사람은 천대 받던 사마리아인인데 오히려 그 강도 만난 사람을 치료해주고 주막까지 데려가 친절히 치료를 부탁하고 경비를 지불하였다.

　여기서 우리가 이웃 사랑을 배울 것이 무엇인가?

　제사장은 율법의 상징이요, 레위인은 의식의 상징이다. 사랑은 율법으로 되는 것도 아니요 의식으로도 안된다는 뜻이다. 사랑은 생명의 문제요, 마음의 문제인 것이다. 그러므로 상대가 누구든지 영혼을 귀하게 여기고 그 인격을 존중하여 주의 사랑을 전하는 것이 사랑 열매이다. 성령의 역사에는 민감한 사랑이 존재한다. 성령이 모든 이의 친구가 되시듯 우리도 모든 이의 친구가 되어야 한다.

(4) 원수 사랑 (마 5 : 38 - 48)

　성령의 사랑은 넘쳐 우리에게 원수까지 사랑하는 능력을 준다. 그리스도인의 사랑의 극치는 원수 사랑이다.

　네 이웃을 사랑하고 원수를 미워하라 한 것은 율법이지만, 성령은 우리에게 하나님의 아가페의 사랑을 부어주셔서 원수도 사랑하는 용기를 주신다.

　원수 사랑은 저절로 되는 것이 아니다. 우리의 마음의 각오와 노력이 없이는 이룰 수가 없다. 마음이 안 가는 것을 사랑하는 것은 능력이다. 그것은 믿음과 성령의 도우심이 없이는 어렵다. 증오심이 죽고 사랑하는 마음이 솟아나야 하기 때문이다. 오른 뺨을 치는데 왼 뺨을 돌려댄다는 것은 감정의 초월을 뜻하고, 속옷을 가지고자 하는 자에게 겉옷을 주는 것은 이해 초월함의 뜻이며, 5리를 억지로 가자는데 십리를 가는 것은 의무 이상의 사랑을 가리키는 뜻이다. 감정을 초월하고, 이해를 초월하고, 법을 초월하는 것은 증오심을 극복하고 원수를 사랑할 수 있는 아가페의 마음이다. 그것은 성령만이 우리에게 줄 수 있는 마음이다.

그러나 성령이 우리 마음에 역사하신다 해도 우리가 움직이지 아니하면 이루어질 수 없다. 마음의 결심과 노력이 필요하다.

우리를 온전히 성령의 소유로 드려 하나님의 온전한 사랑을 우리 함께 이루어가야 할 책임이 있는 것이다. 그것이 우리에게 성령을 부어주시는 하나의 목적인 것이다.

제 3 장

희락의 열매

1. 희락의 열매란 무엇인가?
   (행 2 : 46, 요 14 : 27)

　희락의 원어는 은혜의 원어인 카리스와 그 어원이 같은 '카라'인데 은혜 생활에서 우러나오는 즐거움을 뜻한다. 그러므로 희락의 열매란 성령 받아 은혜 생활에서 맺어지는 기쁨과 즐거움이 생활화되어 나타나는 것을 말한다(요 14 : 27, 행 2 : 46).
　성령은 좋으신 분이시기에 성령을 받을 때 최상의 기쁨을 얻고, 그 기쁨을 누리게 된다. 가난, 오해, 핍박, 능욕, 고통을 이기는 기쁨이다. 그러기에 오순절 마가의 다락방의 성령을 받은 제자들은 다락방에서 뛰쳐나가 기뻐 방언으로 말하매 새 술에 취하였다 하였다. 그러므로 빌립보서 4장 4절에도 "주 안에서 기뻐하라" 하셨다.
　성령 받으면 부러울 것이 없다. 돈도, 지위도, 명예도, 사업도, 성공도, 잘 사는 가정도 부럽지 않게 된다. 성령 있으면 아무 것도 필요 없다는 느낌이다. 그러나 어떤 사람은 그 희락이 그 마음에만 머물고 있으니 그것은 열매라 할 수 없다. 얼굴과 행동과 생활, 그 성품까지 나타나는 것이 열매이다.

2. 희락 열매의 실제

(1) 이 희락의 열매는 주님께서 주시는 것이다(요 15 : 11).

요한복음 14장27절에 "평안을 너희에게 주노니 곧 나의 평안을 주노라 내가 너희에게 주는 것은 세상이 주는 것 같지 아니하리라."

요한복음 15장11절에 "내가 이것을 너희에게 이름은 내 기쁨이 너희 안에 있어 너희 기쁨을 충만하게 하려 함이니라."

성령 받은 자는 그 안에 예수님의 기쁨을 가지는 아주 귀한 특권을 주셨다. 이것이 희락 열매의 씨앗이다. 성령은 성도 안에 그 기쁨이 충만케 하셔서 열매를 맺게 하시는 분이시다.

"예수가 함께 계시니 시험이 오나 겁 없네. 기쁨의 근원되시는 예수를 위해 삽시다." 주님은 기쁨의 근원이 되신다. 물질로 말미암은 기쁨은 물질이 사라지면 끝나고 사람으로 말미암은 기쁨은 사람이 변할 때 끝나지만 영원하신 주님이 주신 기쁨은 한없다.

(2) 이 희락은 성령이 내재하심에 열매맺는다(요 16 : 21 - 24).

천한 사람이 귀한 사람과 함께 살 때 기쁨이 더하며 그 사람과 깊은 교제를 맺는다면 더욱 즐거울 것이다. 하물며 성령이 우리 안에 내재하고, 영적 교통이 있으니 더욱 기쁘고 즐겁지 않을 수 없다. 영의 눈 뜨이고 영의 세계가 열린다. 성령 교통으로 하나님의 자애가 부어지고 어머니 가슴에 안기는 어린이의 기쁨이 있다.

신앙이 굳세지고, 소망이 확고해지고, 주 뜻을 찾아 그 뜻대로 살게 되고, 모든 것에 증거를 받고 능력받아 신앙생활이 활달해진다. 확신의 기쁨, 소망의 기쁨, 주 뜻대로 사는 기쁨, 약속에 증거받는 기쁨, 능력으로 사는 기쁨, 계명을 지키는 기쁨 등을 얻는다. 영능이 계속하는 한 희락은 전신 전영에 넘치고 하나님 안에서 사는 희락이 분수처럼 가슴에 넘친다.
　천국은 심령 안에서 시작되는 것, 주께 안기는 순간 죄와 죽음의 권세는 도망쳐 가고 육체도 성전으로 화해져 즐거움이 솟게 된다.

(3) 희락의 열매는 영적이다(롬 14 : 17).

　먹고 마시고 장가가고 시집가고 즐기는 세상의 희락이 아니라 믿음으로 살고 의롭고 거룩하고 참되게 사는 기쁨이요, 하늘 보화를 얻는 기쁨이다. 사죄받고 구속받고 영생얻는 기쁨이요, 천금 주고도 못사는 은혜얻고, 금보다 귀한 믿음 얻음의 기쁨이다. 영이 기뻐, 마음이 기쁘고 육도 기쁜 희락이다. 천국을 이 세상에서 사는 축복의 열매이다. 하나님의 나라는 먹는 것과 마시는 것이 아니요 오직 성령 안에서 의와 평강과 희락이다(롬 14 : 17).

(4) 희락의 열매는 초자연적이다(요 16 : 22).

　환경과 처지에 관계 없고 육적 생활에 관계 없이 심령 속에서 끊임없이 솟는 기쁨이다. 깊고 높고 넓은 기쁨이다(행 16 : 15, 고후 6 : 10, 행 13 : 52). 좋은 환경, 나쁜 환경, 평안할 때, 괴로울 때, 성공할 때, 실패할 때, 고난의 때, 순경의 때 가리지 않고 심령에서 솟는 근본적인 기쁨이다.

(5) 희락은 능력을 발한다(행 16 : 15).

　초대교회 교우들은 기쁨으로 핍박, 고난을 이겼다(행 16 : 25).
　전도의 능력이 된다(행 2 : 46-47). 평안의 능력이다(빌 4 : 4-7). 성화의 능력이다, 화평의 능력이다, 건강의 능력이다(잠 17 : 22). 주님께 영광, 사람에게 축복이다.
　어떤 교회에 새 신자가 나와 너무 기뻐 목사님이 어떻게 믿기로 결심했느냐고 물으니, 이 교회 할아버지 성도가 늘 기쁨이 충만한 것을 보고 믿기로 작정했다고 한다.

(6) 이것은 사람에 따라 다르다.

민음에 따라 다르고 은혜 생활에 따라 다르다. 깨달음에 따라 다르고 성령을 소멸하면 희락은 사라진다. 사람에 따라 이 희락이 자기 안에만 머물 수도 있고 나타날 수도 있다. 이 열매가 충만하다가도 믿음이 식고 은혜생활이 떨어지든지, 성령을 소멸하거나 죄를 범하면 희락의 상태가 떨어져 간다. 우리는 이 희락의 열매를 맺자! 주께 영광의 길이다. 잃은 자는 회복하자! 그것은 성도의 마땅한 책임이요, 그것은 주님의 뜻이요, 바라심이다.

"주 안에서 기뻐하라, 내가 다시 말하노니 기뻐하라, 항상 기뻐하라." 성령 안에 살아 기쁨이 전 심령에 머물게 하고, 어떤 경우도 분수처럼 강렬하게 넘쳐 세상을 이기는 성도가 되자.

제 4 장

화평의 열매

1. 화평 열매란 무엇인가?

화평의 히브리말은 '쇠롬'으로 유다 사람들이 인사할 때마다 사용하는 말이다. 안녕, 평안, 평강을 가르친다.

화평은 헬라어로 '에이레네'이니 안정, 조화와 일치의 뜻이다. 화평의 열매란 화평의 성령을 받음으로 자기 안에 평안과 안정을 간직하고 사람간에 조화를 이루는 실생활을 가리킨다.

2. 화평의 열매를 맺어야 할 이유

하나님은 화평의 하나님이요(고전 14:33), 평강의 하나님이다(빌 4:9). 성자 예수 그리스도도 우리의 화평이시다(엡 2:14). 주님은 그 몸을 드려 우리의 죄를 속하시고 화목 제물이 되었다. 성령도 화평의 성령이시다(요 14:17).

화평은 하나님의 명령이요(롬 12:18) 주님은 이 직책을 우리에게 주셨다(고후 5:16). 화평이 없이는 주를 볼 수 없다(히 12:14). 화평이 없이는 기도 응답이 없다(마 5 : 23-24, 사 1 : 15). 화평의 열매는 모든 사람을 즐겁게 하는 황금빛 열매요, 하나님을 기쁘게 하는 열매이다. 그것이 이 열매를 맺는 이유이다.

3. 화평의 실제

(1) 하나님과의 화평

"이제는 멀리 있는 너희가 그리스도 예수 안에서 그리스도의 피로 가까와졌느니라. 그는 우리의 화평인지라 둘로 하나를 만드사 중간에 막힌 담을 허시고 원수된 것, 곧 의문에 속한 계명의 율법을 자기 육체로 폐하셨으니 이는 이 둘로 자기의 안에서 한 새 사람을 지어 화평하게 하시고 또 십자가로 이 둘을 한 몸으로 하나님과 화평하려 하게 하심이라"(엡 2: 13-16). 그러므로 "우리가 믿음으로 의롭다 하심을 얻었은 즉 우리 주 예수 그리스도로 말미암아 하나님으로 더불어 화평을 누리자"(롬 5 : 1).

인간의 시조 아담 때부터 죄로 인해 인간에게 온 큰 불행은 하나님과의 단절이요, 이 불행은 곧 사망이요, 모든 슬픔의 근원이다. 인간은 하나님의 진노 아래 놓여 하나님과 원수된 존재가 되었다. 인간의 참 행복의 길은 어디에 있는가? 바로 하나님과 화평을 되찾음에 있다. 이 화평을 위해 그리스도께서는 십자가에 못 박혀 화목 제물이 되시사 인간의 구속의 길을 여시고, 그 피를 통해 인간을 의롭게 하사 하나님으로 더불어 화평케 하셨다. 우리를 위한 예수님의 죽으심은 하나님께서 우리를 사랑하시는 진리를 우리를 위해 확립하심이었다. 할렐루야!

모든 하나님의 진노와 원수된 것들을 주께서 다 짊어지시사 소멸하시고 하나님과 화목하도록 하셨다. 이 회복된 화평은 하나님 자신에 의해서 달성하신 것이기에 완전하고 영원하며 모든 것 이상의 가장 즐거운 것이다. 그러나 이 화평이 어떻게 우리 안에 이루어지는가? 회개와 믿음 없이 심령에 어떻게 이루어 지는가? 성도는 회개하고 주를 믿고 성령받아 이 화평을 누릴 줄 알아야 한다.
　하나님과의 화평은 모든 화평의 근원이다. 우리는 하나님과의 화평을 누리고 화평의 열매를 맺어야한다.

(2) 자기 안에 화평 (요 14 : 27)

　"평안을 너희에게 끼치노니 곧 나의 평안을 너희에게 주노라 내가 너희에게 주는 것은 세상이 주는 것 같지 아니하니라 너희는 마음에 근심도 말고 두려워 하지도 말라" 하셨다 (요 14 : 27). "그리스도의 평강이 너희 마음을 주장하게 하라"(골 3 : 15). 사람이 자기 안에 분열이 있고 분쟁이 있으면 그것은 큰 불행이다. 마음뿐 아니라 몸까지 병들고 믿음이 시들게 되는 결과를 가져온다. 성도는 육과 영의 분열 속에서 고민하지 말고 성령을 쫓아 살아서 심령에 화평을 이뤄야 된다. 사죄받고 성령이 충만할 때 모든 의심, 불안, 공포, 우울이 물러가고 봄볕같이 화창한 화평이 온다. 자기 안의 불안이나 근심, 염려나 번민이 없어지고 안정되고 평안한 마음이 주어진다.
　주님께서 세상이 주는 것과 다른 참 평안을 주신다 하셨다. 이 평안은 근심도, 두려움도 없는 평안이라 하였다. 성도가 얻는 화평은 단지 심리적인 안정이나 불안한 일에서의 마음의 평안을 얻는 것만이 아니다. 물론 그리스도인도 이런 평안을 가지지만 세상이 주는 평안보다는 다른 더 좋고 더 차원이 높은 만족을 주는 평안을 성령을 통해 얻는다.
　평안은 사람의 생각과 뜻을 초월하여 모든 세상 것을 이길 수 있는 가장 근본적이고도 영적인 참 평안이다. 세상의 평안을 웅덩이의 물에 비유한다면 성도의 평안은 샘물에 비유할 수 있다. 웅덩이 물은 외부 조건에 따라 고였다 말랐다 하지만, 샘물은 그 속에서 영원히 솟아난다. 성도의 평안은 성령으로 인해 영원히 솟아난다.

　　내 영혼의 그윽히 깊은 데서 맑은 가락이 울려나네,
　　하늘 곡조가 언제나 흘러나와 내 영혼을 고이 싸네.

평화 평화로다 하늘 위에서 내려오네,
그 사랑의 물결이 영원토록 내 영혼을 덮으소서.
내 맘 속에 솟아난 이 평화는 깊이 묻히인 보배로다,
나의 보화를 캐내어 가져 갈 자 그 누구랴 안심일세.
- 찬송 469장 -

(3) 성도간의 화평

"평안의 매는 줄로 성령의 하나되게 하신 것을 힘써 지키라 몸이 하나요 성령이 하나이니 이와 같이 너희가 부르심의 한 소망 안에서 부르심을 입었느니라 주도 하나이요 믿음도 하나이요 성례도 하나이요 하나님도 하나이시니 곧 만유의 아버지시다 만유 위에 계시고 만유를 통일하시고 만유 가운데 계시도다"(엡 4:3-5). 성도가 반드시 화평해야 할 이유를 밝힌 말씀이다. 모든 것이 하나인데 어떻게 교회 안에서 갈라져 불화할 수 있느냐는 것이다. 한 소망 안에서 부르심을 받은 성도, 한 하나님, 한 주를 믿는 한 피받은 성도가 나누이고 분쟁, 불화하는 것은 아무래도 육의 열매요, 사탄의 짓이지 성령받은 성도의 짓이라고 할 수 없다는 것이다.

성도는 성령의 하나되게 하시는 역사에 순응하여 화평의 책임을 다해야 한다는 것이다. 화평케 하는 직책이란 자기만 남과 화평하는 것이 아니고 불화한 사이에 들어가 화평을 시켜주는 소금의 역할을 하는 직책이다. 예수 그리스도께서 하나님과 인간의 화목 제물이 된 것처럼 성도는 사람과 사람 사이의 화목의 제물이 되라는 것이다.

성도의 세계에는 평안의 줄이 있다. 그것은 그리스도의 평강이요, 성령의 하나 되게 하는 역사이다. 성령은 교회 안에서도 화평의 열매를 맺도록 꾸준히 역사하신다. 그러므로 성도는 이에 순응해야 한다.

화평이 제하여진 교회를 성령은 근심하시고, 돌이키지 않을 때 결국 그 교회를 떠나고 마신다. 화평이 꿈이어서는 안되고 사실이 되어야 하고, 화평은 미래의 것이 되어서는 안되고 항상 현재여야 되는 것이다.

스스로 속지 말아야 된다. 불화한 곳에서는 성령께서 역사하시지 않으신다. 그런 교회에 기도 응답도 있을 수 없음을 주님께서 말씀하셨다 (마 5 : 23-24).

교회는 그리스도의 몸이요, 성도는 그 지체인 것이다. 몸과 지체는 서로 서로 인간 관계 이상의 높은 관계로 서로 떨어질 수 없게 연결되어져 있다고 고린도전서 12장 17-27절에 말씀되었다. 몸과 지체는 불가분의 관계로 연결되었기에 한 지체가 고통 당하면 몸 전체가 고통을 입고 한 지체가 즐거움이 있으면 온 전체가 즐거움을 얻는다.

우리가 그리스도의 몸의 지체임을 기억하고 화평을 지향하고 일하여, 오직 몸의 머리이신 그리스도에게만 영광을 돌릴 것이다.

(4) 타인과의 화평

"화평케 하는 자는 복이 있나니 저희가 하나님의 아들이라 일컬음을 받을 것임이요"(마 5 : 9). 성도는 화평의 역군이다. 성도의 화평의 열매는 교회 안뿐 아니라 교회 밖에까지도 악수의 손을 펴야 된다. 사도 바울은 집권자들을 위해서도 기도하고, 할 수 있거든 너희로서는 모든 사람으로 더불어 화평을 도모하라 하셨다.

예레미야는 예레미야서 29장 7절에 "너희는 사로 잡혀 가게한 그 성읍의 평안하기를 힘쓰고 위하여 여호와께 기도하라 이는 그 성이 평안함으로 너희도 평안할 것임이라" 하며 원수의 국가를 위해서 기도하라고 하였다.

성도의 화평의 열매는 모든 곳에서 그 맛을 내야 한다고 본다. 세상에는 가지 각색의 사람이 사는 곳이다. 연령, 성별, 지식, 빈부 차이, 직업, 성격 등 피차 다른 것이 많다. 그러나 성령의 화평케 하는 역사는 모든 사람의 차이를 넘어 화평케 하는 능력이 있다. 성도가 가는 모든 곳에 화평의 열매를 맺을 수 있는 것은 확실히 하나님 아들다운 생활이라 할 수 있다.

4. 화평의 열매를 맺는 방법

(1) 성령 역사에 순응해야 된다(엡 4 : 3).

"성령의 하나되게 한 것을 힘써 지키라" 하였다. 이 말씀은 성령 역사에 따른 사람의 순응을 뜻한다. 성령의 하나 되게 한 것을 사람이 순응하여 힘써 지키려 하는 노력이 있어야 함을 뜻한다.

성령은 굳은 마음을 부드럽게 하고 겸손과 온유를 주어 등진 사람을 화해하게 하고 원수를 친구가 되게 한다. 사람의 순응이 없으면 이 일이 결코 성취되지 않는다. 성령 역사에 "아멘" 할 때만이 열매가 맺힌다.

고린도 교회를 보라! 그 교회는 은사에 부족함이 없던 교회지만(고전 1 : 7), 시기와 분쟁이 있었다(고전 3 : 3). 분파가 있었다. 왜 그런가? 성령의 역사가 없어서인가? 아니다. 그 교회가 성령의 역사에 순응하기보다 육에 더 빠져 육신에 속한 자가 되어 성령을 거스렸기 때문이다. 성령을 거스릴 때 남과의 화평은 사라지고 자기 안의 화평도 깨어지고 만다. 오직 성령 역사에 순종과 추종에 따라 그 열매의 결과가 결정된다. 할 수 있다. 씨를 심어 놓아도 물 주고 기름 주어 가꾸지 않으면 열매 맺기가 어려운 것과 같다.

(2) 화평은 기도로 이룰 수 있다.

"아무 것도 염려하지 말고 오직 모든 일에 기도와 간구로 너희 구할 것을 감사함으로 하나님께 아뢰라 그리하면 모든 지각에 뛰어난 하나님의 평강이 그리스도 예수 안에서 너의 마음과 생각을 지키시리라" (빌 4 : 6-7).

자기 안의 화평도 기도와 감사로 유지 될 수 있지만 남과의 화평도 기도로 이루어진다. 미운 사람일수록 위해 기도하면 화평이 이루어진다.

어떤 곳에 교파가 다른 두 교회가 있었다. 한 교회에서는 다른 한 교회를 시기하고 흠담을 하고 그 교회 교역자가 비난의 설교를 하였다.

그 소식을 들은 다른 교회는 함께 비난을 하지 않고 온 교우가 모여 그 다른 파 교회를 위해 밤마다 기도를 하였다. 그 후 1개월이 지나보니 기도하는 교회가 부흥이 일어났다. 비난하던 교회 교역자가 어떻게 되어 부흥이 되나 하고 다른 교회에 가서 창문으로 가만히 들여다 보니 그 교회 성도들이 기도를 하고 있는데 이상하게도 비난하는 교회를 위해 기도하고 있었다. 그래서 그 교역자가 회개하고 교역자끼리 화해를 하였다고 한다. 기도는 화평을 이루는 밑거름이 된다.

(3) 꾸준히 육성을 죽여야 한다.

육성이 마음을 지배할 때 자기 안에 의심, 불안, 교만, 혈기, 시기, 질투의 파도가 일고 자기 안의 화평도 남과의 화평도 깨어지고 만다. "너희 중에 싸움이 어디로 다툼이 어디서 쫓아오느냐 너희 지체 중에서 싸우는 정욕으로 쫓아난 것이 아니냐"(약 4 : 1) 하였다.

육성은 뽑지 않으면 잡초처럼 무성히 자란다. 그러나 육성을 죽이는 것은 쉽지 않다. 사도 바울은 자기 몸을 쳐 복종시키며 날마다 죽노라 하였다. 그러기에 꾸준한 영교와 인내로 자기와의 투쟁에서 육성을 소멸해 가야 화평은 좌정한다.

어떤 사람이 과수원을 경영했다. 가을에 과실이 많이 열리게 되었다. 주인은 기뻐하였다. 그런데 하룻밤에 도적놈이 들어와서 제일 좋은 과실을 따가고 말았다. 주인은 분하여 밤에 과실나무 밑에서 수직하였다. 밤중이 되니 여전히 도적놈이 들어와서 과실을 따 담는다. 주인은 달려가서 꼭 붙들었다. 끌고 가서 분한 김에 작두로 네 손가락을 잘랐다. 이 때의 도적의 마음 속에는 무서운 복수심이 생겼다. 그 이튿날에 긴 칼을 사가지고 날카롭게 만들어서는 품에 품고 날마다 과수원 근처에서 기회를 보고 있었다. 어떤 지나가는 사람이 말하기를 "여보세요, 이 밑에 마을 예배당에서 전도 강연이 있으니 같이 가서 들으시지요" 하였다. 그는 생각하기를 자기가 목적한 시간이 아직 많이 남아 있으니 기다릴 겸 따라갔다. 그 날 밤 강사의 설교 제목이 원수를 갚지 말고 사랑하라는 뜻이었다. 이 사람의 마음에는 불평이 일어났다. 나는 원수를 갚으려고 칼을 품고 있는데 도리어 원수를 사랑하라니 내가 목적한 바 일에 대한 방해라고 생각하였다. 그러나 다시 돌이켜 생각하니 자기 생각보다 그 말이 옳다는 생각이 났다. 그는 마음에 싸움이 일어났다. 강사는 예수를 믿고 원수를 사랑할 사람은 손을 들라 하였다. 이 사람은 덮어 놓고 손을 들었다. 그 순간에 그의 마음은 기쁘고 평안해졌다. 그는 품에 품었던 칼을 집어 던지고 그 날부터 회개하고 과수원 주인을 위하여 기도하게 되었다. 오랜 후에 그는 산 중에 가서 무슨 사업을 경영하게 되었다. 과수원 주인 역시 무슨 볼 일이 있어 산 중에 갔다. 날은 저물고 잘 곳을 찾아서 다니다가 마침 그 집을 찾아갔다. 주인은 반가이 영접하면서 음식으로 대접했다. 과수원 주인은 밥을 먹으면서 주인의 손을 보니 손이 조막손이다. 다시 곰곰히 생각하니 자기가 과수원에서 남의 손을 잘랐는데 저 사람이 그 사람이 아닐까? 그렇게 생각하고보니, 아차 원수를 외나무 다리에서 만났구나 하고 공포심에 가슴이 두근거렸다. 밥을 먹고 나니 주인이 하는 말이 "손님, 저를 아십니까?" 과수원 주인의 얼굴빛이 새파랗게 질렸다. "모릅니다!" 주인은 다시 묻기를 "그러면 아무 데서 과수원을 경영하셨지요?" 큰일났다, 이제는 죽었구나 하며 뚝 잡아 떼었다. "나는 과수원 근처에도 아니 삽니다." 주인은 손을 보면서 "이 손가락을 보면 알겠읍니까?" 하였다. 이 사람은 넘어졌다. 주인은 그를 위로하면서 하는 말이 "전에는 당신이 내게 원수이었으나 지금은 내 은인이옵니다." "내가 당신 때문에 예수를 믿어 구원을 얻었으니 오히려 감사합니다. 당신도 예수를 믿고 나와 같이 구원을 얻으십시다." 이 사람은 감동을 받아 그 날부터 예수를 믿고 두 사람이 가장 절친한 친구가 되었단다. 십자가는 중간에 담을 헐고 둘을 하나로 만드는 역사를 한다.

    그리스도인은 그 자신의 육과 정과 욕을 십자가에 못박은 자들이다. 불행과 비극 중에 사는 사람이 많다. 불행과 비극의 원인은 불화에 있는 사람에게 대개 있다. 가정 파탄, 계급 투쟁, 전쟁, 어디나 불화 때문에 슬픔이 온다. 이런 불화의 원인은 어디서 올까? 그것은 각 개인 속에 도사리고 있는 내적 불화 때문일 수 있다. 그리고 인간 내심의 불화는 하나님과 불화한 까닭이다. 인간의 죄는 하나님에게서 멀리 떠나게 했고 하나님과의 화평을 깨어버렸다. 그러므로 그리스도는 화평의 제물이 되시고 인간의 죄를 사함받는 길을 주시고 하나님과의 화평의 길을 열어주셨다.

　이제 인간은 누구나 하나님과 화평해야 산다. 마음의 참 평안을 원하는가? 하나님과 화평하라! 평화로운 사회를 원하는가? 하나님과 화평하라! 진정한 세계 평화는 오직 하나님과의 화평에 있다. 하나님과 화평하여 자기 안의 화평을 얻고, 참 화평의 세계를 이 땅에 이루는 화평의 직책을 다하자.

　성령으로 화평의 열매맺는 성도가 되자. 아멘!

제 5 장

인내의 열매

1. 인내의 의의(고후 6:6, 엡 4:2)

　인내-참고 견딤이다. 헬라 원어로 인내는 '마크로 두미아'로 오래 참는다는 뜻이다. 기꺼이 고통을 당한다는 뜻이다. 하나님께서 이 세상 사람을 죄대로 심판 아니하시고 노하기를 더디하시며 참고 견디시고 용서하시는 것같이 참는 태도를 가리킨다(딤전 1:18, 벧전 3:20). 인내란 넓은 성미, 큰 성미라는 뜻으로 사람을 그렇게 대함이 인내의 열매이다. 인내는 자기를 다스리며 성급하게 사람이나 사물을 다루지 않고 기다릴 수 있는 능력적 행실을 뜻한다. 남에게 받은 반대, 박해, 비난, 손해, 능욕 등을 관대히 참아주는 인자한 마음과 그 행실이다. 희망을 잃지 않고 계속 불변하고, 실망 좌절 않고 참고 견디는 행실을 뜻한다. 서둘지 않고, 성급하지 않고, 참고 견디는 행실을 인내의 열매라 할 수 있다.

2. 인내의 성격과 유익

(1) 인내로 신앙생활이 결실한다(인내는 참고 기다림이다).
　결실을 위해 농부가 씨를 뿌리고 가을까지 참고 노력하며 기다리듯(눅 8 : 15), 성도는 말씀을 듣고 그것이 실제 내게 결실로 맺어질 때까지 인내해야 된다. 믿음은 바라는 것의 실상인 바 이 바람은 참고 기다려야 얻어진다. 참지 않고 단시일에 신앙생활의 결실을 바람은 어리석은 일이다. 풍성한 결실을 원한다면 수고를 아끼지 않고 애쓰며, 힘쓰고, 참고 기다려야 한다.

(2) 인내로 영혼을 얻는다(인내는 극기이다).
　너희 인내로 너희 영혼을 얻으리라(눅 21 : 19). 사람에게 가장 귀한 것은 영혼이다. 천하를 주고도 바꿀 수 없는 것이다. 그 귀한 자기 영혼을 사단에게 뺏기지 않고 얻음은 인내에 있다. 말을 참고, 성질을 참고, 행실을 삼가고 참고 견디어야 영혼을 얻는다. 구원을 얻는다(마 10 : 22).

(3) 인내로 하늘 기업 상급을 얻는다(인내는 견딤이다).
　너희가 하나님의 뜻을 행한 후에 약속을 받기 위함이라(히 10 : 36). 성도의 신앙에는 하나님의 약속이 있다. 하늘 기업 상급이 있다. 그러므로 이 약속을 받기 위해 모든 것을 참고 견디어야 된다. 시험, 환란, 핍박, 유혹을 견디어야 된다. 시험을 참는 자는 생명의 면류관을 얻으리라 하셨다(약 1 : 12). 디모데후서 2장 12절에 "참으면 또한 함께 왕 노릇 할 것이요 우리가 주를 부인하면 주도 우리를 부인하실 것이라" 하였다.

(4) 인내로 소망을 이룬다(인내는 좌절 안함이다).
　"인내는 연단을, 연단은 소망을 이루는 줄 앎이라"(롬 5 : 4, 8 : 23 -

25). 약속은 하나님 편에서 주심이라면 소망은 인간 편에서 하나님을 향한 바람이다. 소망은 인내를 통한 연단이 있어야 이루어진다. 성도는 올라갈 때도 잘하고 내려갈 때에도 잘 해야된다. 믿음의 소프라노도 잘 할 줄 알고, 인내의 베이스도 잘 할 줄 알아야 한다. 로마서 8장 25절, "만일 우리가 보지 못하는 것을 바라면 참음으로 기다릴지니라" 하였다. 인내는 모든 것을 이루는 묘한 문이다. 모든 소망의 문이요, 첩경이다.

(5) 인내로 온전을 이루어간다(인내는 모든 것을 이김이다).

"인내를 온전히 이루라 이는 너희를 온전하고 구비하여 부족함이 없게 하려 함이라"(약 1:4). 예수 그리스도의 마음, 하나님의 성품에 참예함은 성도의 목표이다. 주님은 하늘에 계신 너희 아버지의 온전하심과 같이 너희도 온전하라 하셨다. 신앙적으로, 인격적으로 온전케 됨은 성도의 소원 중 가장 큰 소원이다. 그것은 인내로 맺게 된다. 악마의 유혹과 시험도 인내로 이기고 내 안에 있는 정욕과 허영, 죄된 생각도 인내로 물리치고(고전 9:25-27), 분노, 혈기도 근심 걱정도 슬픔, 탄식도 인내로 쫓고 부요할 때 방종 이기고, 가난할 때 실망 이기고, 높을 때에 교만 이기고, 낮을 때에 비굴 이기고, 수난 때에 낙망 이기고, 혼탁할 때에 타락 이기는 것이 인내이다. 남의 죄도 용서하고, 내 실수도 이기는 것이 인내이다. 남이 내게 해롭게 해도 견딜 수 있는 인내는 거룩하다. 인내로 성도를 온전케 한다.

중국에 사람의 사람됨을 보는 여섯 가지 케이스 육험론이 있었다.

① 그 사람을 즐겁게 해주고 그에 얼마나 빠져드는가를 보고,
② 그 사람을 기쁘게 해주고 그에 얼마나 자제하는가를 보고,
③ 그 사람을 괴롭게 하고서 얼마나 참아내는가를 보고,
④ 그 사람을 두렵게 해놓고 얼마나 나타내지 않는가를 보고,
⑤ 그 사람을 슬프게 해놓고 얼마나 삭히나를 보고,
⑥ 그 사람을 성내게 해놓고 얼마나 개의치 않는가를 본다는 것이다.

성도는 어떠한 경우라도 믿음의 주요 온전케 하시는 이인 주를 바라보고 인내의 열매를 맺어야 한다. 그러므로 온전에 이를 수 있다.

(6) 인내로 주를 맞게 된다(인내는 마음을 굳게 하는 것이다).

"너희도 길이 참고 마음을 굳게 하라 주의 강림이 가까우니라"(약 5:7). 말세에는 환란도 많고 핍박도 많다. 그러므로 참는 자만이 주를 맞이할 수 있다. 신랑되신 주를 맞을 자격자는 끝까지 참는 자이다. 주님은 말세에 믿는 자를 보겠느냐 하셨다. 인내로 사명을 완수하게 된다. 그러므로 "내가 택하신 자를 위하여 모든 것을 참음은 저희로도 그리스도 예수 안에 있는 구원을 영원과 영광과 함께 얻게하려 함이로다"(딤전 2:10). "너는 말씀을 전파하라 때를 얻든지 못얻든지 항상 힘쓰라 범사에 오래 참음과 가르침으로 경책하며 경계하며 권하라"(딤후 4:2) 하였다. 성도는 사명을 귀하게 알고 그 사명 완수를 위해 오래 참아야 한다. 더구나 사람의 영혼을 구원코자 할 때 기대를 버리지 않고 꾸준히 전도를 할 때만이 성공하는 예가 많다. 성도가 뜻있게 살려면 사명적 자아를 확립해야 한다. 사명은 심부름 받은 목숨이란 뜻이다. 성도는 하나님의 심부름을 받은 목숨이다. 자기 사명을 깨닫고 자기 존재의 의미가 거기 있는 줄 알고 참고 충성해야 된다. 쉬지 않고 흐르는 물이 바다에 이르고 쉬임 없이 걷는 자만이 목적지에 도달한다. 인내로 사명 완수하자.

3. 인내의 실제

(1) 하나님을 향한 인내(살전 1:3)

먼저 인내의 열매는 하나님을 향해 맺어야 한다. 그것은 더 큰 축복의 근원이 되기 때문이다. 우리는 하나님의 약속 성취에 대해 아브라함같이 참고, 우리는 어려울 때 도움에 대해 요셉과 같이 참으며, 우리는 환란날에 구원에 대해 욥과 같이 인내의 열매를 맺으며, 우리는 기도 응답에 대해서 속히 안되어도 하나님의 진실함을 믿고 가나안 여인같이 끝까지 참고 기도하여 응답받자.

우리는 주의 재림에 대해서도 길이 참자. 농부가 땅에서 나는 귀한 열매를 바라고 이른 비와 늦은 비를 기다림같이 길이 참고 마음을 굳게 하자. "주의 강림이 가까우니라"(약 5 : 7-11) 하셨다. 인내로 하늘 기업 얻는 성도가 되자.

(2) 사람을 향한 인내 (살전 5 : 14)

성령을 받은 성도는 사람과의 관계에서도 인내의 열매를 맺어야 한다. 욕하고 핍박해도 끝까지 참고 기도하는(벧전 3 : 8-9) 그것이 인내의 열매이다. 손해를 주고 배은 망덕해도 인내로 사람을 믿어주고 관대 관용하고 시기, 질투, 미움 앞에서도 참고, 견디고, 사랑을 베푸는 것이 성령받은 성도의 참 덕행이다. 모세는 그 백성의 노도같은 원망을 믿음으로 이겼다. 감정을 초월하고 이해를 초월하고 참고 견디고 인내의 열매를 맺자. 이는 복을 유업으로 받게 하려 하심이라 하였다 (벧전 3 : 9).

(3) 사물에 대해 인내 (약 1 : 12)

가난과 유혹에 대하여, 환란에 대하여, 핍박과 시험에 대하여 참는 열매를 맺는 것이다. 주의 일을 하는 일에 인내하자(계 3 : 10), 선한 일에 인내하자(갈 6 : 9), 성령으로 그 열매를 맺자.

환난과 질병을 이긴 욥을 생각하라. "형제들아 주의 이름으로 말한 선지자들로 고난과 오래 참음을 본을 삼아라"(약 5 : 10). 인내하는 자는 복되다.

(4) 자기 자신 안에 인내

혈기, 허영, 욕심 등 참을 것이 많은 바 자기 안에 인내의 열매맺어 주의 형상을 이루자. 사도 바울은 남에게는 전도하여 구원받게 하고 자기가 도리어 버림이 될까 하고 두려워 자기 몸을 쳐서 복종시켰다 하였다(고전 9:27). "노하기를 더디하는 자는 용사보다 낫고 자기의 마음을 다스리는 자는 성을 빼앗는 자보다 낫다"(잠 16:32)고 하였다.

4. 인내의 열매를 맺게하시는 성령

(1) 성령께서 어떤 상황, 어떤 일을 만나도 편안한 마음을 주심으로 인내의 열매를 맺게 하신다.

억지로 참는 것은 노력이지 열매가 아니다. 어려움 중에도 근심 걱정이 없고, 원망과 불만이 없고, 기도함으로 편안한 마음으로 인내케 된다. 바울과 실라는 옥 중에서도 찬송하면서 인내할 심적 평안이 성령의 능력으로 주어졌었다(행 16:26).

(2) 올바른 신앙적 생각을 주어 인내의 열매를 맺게 하신다.

욥은 시험 중에도, 원망하는 사람들 틈에서도 내가 모태에서 적신으로 나왔은 즉 적신으로 돌아갈지라, 주신 자도 여호와시요 취하신 자도 여호와시니 여호와의 이름을 찬송하리로다 하며 인내하였다. 요셉도 올바른 신앙적 생각으로 역경을 인내했고 결국 최후 승리를 거두었다.

(3) 인내할 능력을 주어 인내의 열매를 맺게 하시는 성령이시다.

오직 성령에 이끌리어 살라. 우리는 성령이 우리 안에 역사하시는 대로 마음과 몸을 맡기고 성령을 좇아 살 때 인내의 열매를 맺는다. 성령은 곧 하나님이시다. 성령은 능력이 크시다. 성령은 어떤 일도 우리가 할 수 있는 능력을 주실 줄 믿고 끈기있게 일을 한다면 열매는 맺게 마련이다. 어떤 부인이 도회지에서 가난한 사람들을 위한 복지 사업을 하였다. 어느날 어떤 집을 돕고 나오는데 한 어린 소녀가 이 부인의 얼굴을 빤히 쳐다보면서 "아주머니, 아주머니는 예수님의 부인인가요"라고 하더라는 것이다. 사람들이 우리를 볼 때 예수님을 생각할 수 있도록 인내의 경건을 가지고 살아가며, 어떤 경우라도 성령을 소멸 말고 기도와 실행으로 성령께 순종하여 인내의 결실을 풍성히 맺자.

제 6 장
자비의 열매

1. 자비의 열매란 무엇인가? (고후 6 : 6, 엡 2 : 7)

자비의 원어는 '크레스토테스'이다. 크레스토테스는 친절한 성품, 상태, 성질, 행실, 감정을 뜻한다. 대인관계에 있어 자기 중심이 아니요, 남을 생각하고 동정하는 성격에 관한 것이다. 타인에 대한 온순한 성향이다. 즉 자비는 선의 마음 상태를 가리킨다. 고통을 당하는 사람이나 절망에 처한 사람에 대한 적극적인 친절을 말하는 것이다. 사랑의 더 구체적인 의미가 포함된 행동을 전제케 하는 심리 상태이다. 남을 불쌍히 여길 뿐더러 실제로 직접 실천하는 동정을 뜻한다. 그것은 동정, 관용, 친절, 은혜, 구원 등으로 나타난다.

성령의 은혜로 맺어지는 자비의 열매는 그 주는 일 자체의 기쁨도 무엇과도 비교할 수 없는 축복이지만, 이 자비에 대한 하나님의 축복이 약속되어 있다(마 5 : 7, 잠 19 : 17).

2. 자비의 원천

그리스도인이 성령을 받을 때 성령은 아버지의 자비하심을 깨닫게 하신다. 그래서 성도는 성령을 받을 때 그 자비하심에 감격해서 눈물을 흘리며 감사한다. 성령을 받을 때 그 주님의 자비하심을 씨로 하여 성도가 다시 세상에 자비의 열매를 맺을 수 있다는 것은 참으로 놀라운 일이다. 그래서 주님께서는 "너희 아버지의 자비하심같이 너희도 자비하라" 하셨다. 자비는 하나님의 속성이요, 그리스도의 성품이다. "여호와는 자비로우시며 은혜로우시며 노하기를 더디하시며 인자하심이 풍부하시도다"(시 103 : 8). "여호와는 은혜로우시며 자비하시며 노하시기를 더디하시며 인자하심이 크시도다"(시 145 : 8). "여호와의 자비하심이 영원하도다"(대하 16 : 41).

하나님의 속성과 주의 성품이 성령을 받음으로 인하여 성도 안에서 다시 창조되어 그 심령에서 행실로 열매맺게 된다.

3. 자비의 실제

(1) 자비는 동정으로 된다.

자비는 선의 마음이다. 선의 마음은 동정이 출발이다. 진정한 자비란 자기를 다른 사람의 입장에 두는 마음에서 시작된다. 자기를 잃어버리고 다른 사람의 입장에서 느끼고, 그 괴로움을 괴로와하며 그 고통을 아파할 수 있는 동정에서 이루어진다.

자비는 곧 동정이다. 로마서 12장15절, "즐거워하는 자들로 함께 즐거워하고 우는 자들로 함께 울라 서로 마음을 같이 하며 높은 데 마음을 두지 말고 도리어 낮은 데 처하여 스스로 지혜있는 체 말라" 하셨다.

나이팅게일의 훈장에 이런 말이 기록되어 있다고 한다. "자비를 행하는 길은 하나만 있는 것이 아니다. 돈으로써만 아니라 말로도 할 수 있고, 돈도 말도 없을 때는 눈물로 할 수 있다." 러시아의 문호 톨스토이가 추운 겨울날 길을 걷고 있는데 한 거지가 동상에 걸린 더러운 손을 내밀어 구걸을 하였다. 톨스토이는 주머니를 뒤졌으나 돈이 없었다. 그래서 손을 내밀어 그 더러운 손을 잡으면서 "형제여 나는 지금 돈이 없오, 손이나 한 번 잡읍시다. 나는 그대를 사랑합니다" 하였다. 거지는 눈물을 글썽이면서 "선생님, 참으로 감사합니다. 감사합니다" 하였다 한다. 동정은 무엇보다 귀한 자비가 된다.

(2) 자비는 관용으로 된다 (골 3 : 12 – 14).

자비는 정죄가 아닌 관용에서 이루어진다. 남의 죄를 너그럽게 용서하는 데서 자비가 실현된다. 시편 78편38절에 "오직 하나님은 자비하심으로 죄악을 사하사 멸하지 아니하시고 그 진노를 여러번 돌이키시며 그 분을 다 발하지 아니하셨으니"라고 하였다. 하나님의 자비가 관용에서 나타나셨듯, 성도의 자비가 관용에서 나타난다.

마태복음 18장 21절에는 사도 베드로가 묻기를 "주여 형제가 내게 죄를 범하면 몇번이나 용서하여 주리이까 일곱 번까지 하오리이까" 하였을 때, 주님은 "일곱 번뿐 아니라 일흔 번씩 일곱 번이라도 할지니라" 하셨다. 이는 용서의 의무화를 뜻한다. 이 말씀에 의하면 용서는 인생의 권리가 아니라 의무이다. 권리는 안 쓸 수 있으나, 의무는 안 쓰면 안되는 것이다. 세상 사람들은 용서가 권리라지만 성도는 용서가 의무이다. "그 사람은 용서할 수 없다," "그 일만은 용서할 수 없다," "이번에는 용서할 수 없다"고 하는 것은 용서를 의무가 아니라 자기의 권리로 착각하는 처사가 된다. 남을 용서할 수도 있고, 용서 안할 수도 있는 것이 아니다. 용서는 분명한 의무인 것을 주님께서 말씀하셨다. 그리스도인이 남을 용서하는 것은 그 이유나 사정에 있는 것이 아니고 당연한 의무에 있다.

용서가 왜 성도의 의무가 되는가? 빚 탕감의 이유에서 그것을 설명하였다(마 18 : 23 – 35). 이 비유를 천국 비유라 한 것은 신앙적 원리를 말함에 그 뜻이 있다. 이것은 용서에 대한 신앙 원리인 것이다. 왕께 일만 달란트 빚진 자는 몸과 처자와 모든 소유를 팔아 갚게 하라 했는데 종이 엎드려 절하며 참아달라 하니, 왕은 불쌍히 여겨 탕감하여 주었다. 그런데 이 사람에게 백 데나리온 빚진 사람이 있는데 참아주면 갚겠다고 사정해도 용서해주지 않아서 그 몰인정을 왕이 듣고 노하여 만 달란트 빚진 자를 다시 불러 그 빚을 다 갚도록 옥졸에게 넘기라고 하였다는 내용이다.

여기에서 임금은 하나님이시요, 종은 우리 성도를 가리킨 것이다. 종이 임금에게 용서받은 것은 굉장히 큰 것이다. 그처럼 우리 성도가 하나님에게서 용서받은 것은 크다. 반드시 멸망받을 것을 용서받은 것이다. 그것은 무제한의 용서이다. 그 반면에 종이 종을 용서하는 것은 심히 적은 것이다. 우리 성도끼리의 용서는 심히 적은 것이다. 우리가 남이 내게 지은 죄를 용서 못하면 하나님에게서도 용서받을 자격이 없다는 것이다. 성도의 용서의 근거는 하나님이 인간을 용서하신 데에 근거를 둔 것을 보이신 이유이다. 하나님께서 우리를 용서하셨으니 우리도 마땅히 남을 용서할 의무와 책임이 있는 것이다. 그뿐 아니라 용서 이상, 희생과 봉사가 따라야 한다. 방임하지 말고 그의 어려움까지 돌보는 것이 그리스도인의 용서이다. 예수 그리스도께서 우리를 용서하실 뿐 아니라 구원과 성령과 축복을 주신 것처럼, 용서해준 자의 상처를 싸매주고 도와줄 의무가 있다. 이것이 용서의 극치이다. 자비는 용서로 이루자.

(3) 자비는 친절로 된다.

자비는 공동 번역이나 새 번역에는 '친절'로 번역되었다. 인정많고 친근감이 풍부함을 뜻한다. 이 친절은 응당 베풀 사람에게 친절을 베푸는 것이 아니라 베풀 수 없는 사람에게도 베풀어 주는 친절이다. 고통을 당하는 자, 절망에 처한 자, 죄악에 빠진 자, 시험에 빠진 자, 슬픈 자, 실패한 자 등에게 권고나 책망이나 교훈보다는 따뜻이 친절을 베풀어 주는 것이 귀하다. 그것은 큰 위로가 되고, 그것은 재기의 동력이 되고, 새 출발의 용기가 된다.

주님은 마태복음 25장 31-46절에 지극히 적은 자, 주린 자, 목마른 자, 나그네된 자, 병든 자, 벗은 자, 옥에 갇힌 자에게 베푼 친절은 곧 주님께 한 것과 같고 그렇게 하지 않은 것은 주님께 하지 않은 것이라 하셨다. 친절이 과연 인간에게 주는 것은 자비의 친절이 아니다. 줄 수 없는 자에게 주는 것이 자비요, 참 친절이다.

갚을 것이 없는 사람에게 친절을 베푸는 것은 갚을 것이 없는 고로 참 복이 되고 부활시에 갚음이 있으리라 하셨다(눅 14 : 14). 성도의 친절의 손길은 세상을 더욱 밝게 하는 축복의 길이다. 친절로 자비의 열매를 풍성히 맺자.

(4) 자비는 은혜를 베품이다.

자비는 남을 불쌍히 여기고 도와주고 은혜를 베품이다. 불쌍한 사람의 뒤를 보아줌으로써 자비가 나타난다. 자비는 우리 자신을 남에게 내어주는 것이다. 이 자비는 선한 사마리아인의 비유에서 잘 나타났다. 비유로 예수님은 비참한 가운데 도움이 필요한 강도 만난 사람에 대하여 말씀하셨다. 강도를 만나 옷을 벗기우고 거의 죽게 되었다. 제사장도, 레위인도 그냥 지나갔으나 사마리아인이 자비를 베풀어 도왔다. 그는 연민의 정에 이끌리어 불쌍히 여기고, 치료해 주고, 나귀에 태워주막에 데려가 돌봐주고 돈을 주막 주인에게 주고 치료해줄 것을 부탁하고 치료비가 부족하면 돌아올 때 주겠다고 하였다. 이 사마리아인은 자비를 은혜 베품으로 실천하였다.

여기에서 주님 말씀의 뜻은 우리를 필요로 하는 사람에게는 누구에게든지 이웃이 되어야만 한다는 것, 즉 자비가 은혜 베품으로 실천된다는 것이다. 무디 목사는 주일학교에 다니는 어린 아이가 죽었다는 소식을 듣고 그 집을 방문하였다. 그런데 그 아이는 집이 가난해서 강에 떠내려가는 나무를 주으러 갔다가 물에 휩쓸려 죽었다는 것이었다.

위로의 말을 하고 기도만 해주고 돌아왔다. 그런데 무디 목사에게는 딸이 하나 있는데 그 딸이 무디 목사에게 말했다. "아버지, 만일 우리 집이 그렇게 가난하여 어머니는 돈 벌러 나가고 내가 강에 나무를 주으러 갔다가 죽었으면 아버지는 얼마나 슬퍼할까요?" 무디 목사는 그 말에 크게 찔림을 받고 그 집에 다시 가서 그 여인을 위로하고 장례를 치러 주었다 한다.

(5) 참 자비는 복음을 줌으로 이루어진다.

영혼이 빈곤한 것은 물질적 빈곤보다 불행하다. 그런 자에게 자비는 먹을 것, 입을 것이 아니라 복음이다. 주님은 온 천하에 다니며 복음을 전파하라 하셨다(막 16 : 15). "온 천하에 다니며"라고 하셨다. 그것은 찾아가는 전도를 말한다.

제 7 장

양선의 열매

1. 양선의 의의(갈 5:22)

넓은 의미의 선으로 구체적인 행동을 뜻한다. 원어 '아가소스네'는 바르다, 유익하다, 너그럽다는 뜻이다. 자비는 성품적인 의미가 깊고 양선은 행동적인 의미가 깊다. 남의 행복을 위해 실제적인 착한 일을 베푸는 것이다. 한 문자가 뜻하듯 어질고 착한 일을 행하는 것을 말한다(약 2:11).

이러므로 사람이 선을 행할 줄 알고도 행치 아니하면 죄니라 하였다. 선은 아는 것이나 마음에 머무는 것에서 끝나면 양선이 아니다. 행함으로 실천해야 양선이다. 양선의 열매니 더욱 그렇다. 좋으신 하나님의 자녀의 좋은 행위가 양선이다.

2. 양선의 목적

오직 하나님의 영광을 위해서이다. "오직 선을 행함과 나눠 주기를 잊지 말라 이같은 제사는 하나님이 기뻐하시느니라"(히 13:16). 양선의 열매는 목적이 있어서는 안된다. 성도의 양선은 성령에 의해 맺어지는 것이고 목적이 없다. 양선 자체가 목적이어야 선이다. 선을 베풀고 다른 목적을 노린다면 선이 아니다. 선은 수단이 아니라 선 자체가 목적으로 되어 있다.

누가복음 14장13-14절에 "잔치를 배설하거든 차라리 가난한 자들과 병신들과 저는 자들과 소경들을 청하라 그리하면 저희가 갚을 것이 없는 고로 네게 복이 되리니 이는 의인들의 부활시에 네가 갚음을 받겠음이라" 하셨고 또 마태복음 6장 2-4절에 "그러므로 구제할 때에 외식하는 자가 사람에게 영광을 얻으려고 회당과 거리에서 하는 것같이 너희 앞에 나팔을 불지 말라 진실로 너희에게 이르노니 저희는 자기 상을 이미 받았느니라 너는 구제할 때에 오른 손이 하는 것을 왼 손이 모르게 하여 네 구제함이 은밀하게 하라 은밀한 중에 보시는 너희 아버지가 갚으시리라" 하셨다. 그리스도의 선은 자기를 위해서도, 세상을 위해서도 아니고 사람에게 보상도 명예도 칭찬도 영광도 성공도 바라지 않고 오직 천국의 하나님의 보상만 바라는 참 선이다. 세상에 보수 없어도 낙망 않고, 칭찬과 명예 없어도 위축 당하지 않고, 비난과 배신 당해도 중지하지 않고 선을 행하는 참 선이 그리스도인의 양선이다. 성도의 수고는 결코 헛되지 않는 것이요, 더 좋은 것으로 주께서 갚아주시기 때문이다.

3. 양선의 근원

양선의 근원은 하나님이시다. 양선은 하나님의 속성을 더 독특하게 보여주는 열매이다. 시편 100편 5절에 "여호와는 선하시며 그 인자하심이 영원하고 그 성실하심이 대대에 미치리로다" 하셨다. 모세가 하나님께 하나님의 영광을 보여달라고 기도할 때 하나님께서 말씀하시기를 "내가 나의 모든 선한 형상을 네 앞으로 지나게 하고 여호와의 이름을 네 앞에 반포하리라 나는 은혜 줄 자에게 은혜를 주고 긍휼히 여길 자에게 긍휼을 베푸느니라" 하셨다(출 33 : 18).

하나님의 형상은 선이시다. 그 영광도 선이시다. 그의 뜻대로 살고자 하는 모든 성도는 그 행실에 양선의 열매를 맺게 되는 것이다. 예수 그리스도도 선하신 분이다. 그는 세상에 33년 동안 사셨지만 악이 없으셨다. 그의 일생은 선의 생애이셨다(눅 4 : 16). 그는 안식일에도 선을 베푸셨다. 그의 제자인 성도는 선하게 살아야 할 것이다. 그러나 성도의 양선은 성령을 받음으로 비로소 악의 뿌리가 뽑히고 선의 씨가 심어지게 된다. 하나님의 선이 자기 안에 심어지는 셈이다. 그리스도인의 심령에 그리스도인의 형상(갈 4 : 19), 하나님의 형상(골 3 : 10)을 성령으로 이루어 양선의 열매를 반드시 맺어야겠다.

4. 양선의 실제

(1) 마음의 선

"너희를 대하여 대면하면 겸비하고, 떠나 있으면 담대한 나 바울은 이제 그리스도의 온유와 관용으로 친히 너희를 권하고"(고후 10 : 1), "너희 관용을 모든 사람에게 알게 하라 주께서 가까우시느니라"(빌 4 : 5). "아무도 훼방하지 말며 다투지 말며 관용하며 범사에 온유함을 모든 사람에게 나타낼 것을 기억하게 하라"(딛 3 : 2).

"사환들아 범사에 두려워함으로 주인들에게 순복하되 선하고 관용하는 자들에게만 아니라 또한 까다로운 자들에게도 그리 하라"(벧전 2: 18).

양선은 마음의 관용, 관대에서 이루어진다. 성령을 받은 사람은 마음이 넓어지고 관용할 수 있는 사랑이 주어지는 것이다. 부패하던 마음이 성령의 임함으로 변화받아 이기주의와 자기 중심주의에서 벗어나 이해하고 용서하고 덮어줄 줄 아는 양선의 심령이 되는 것이다. 양선은 어질고 착함이다. 어진 사람은 사람을 본대로 판단하거나 행동하지 않고 참아줄 줄도 알고 덮어줄 줄도 아는 것이다. 관용은 최상의 종교라 하였다. 관대는 정의의 꽃이라 하였다.(빅톨유고) 관용은 언제나 진정한 사랑의 진수라 하였다. 관용, 관대로 마음의 선을 베풀라, 그것이 양선의 첫 열매이다.

(2) 눈의 선

"선한 눈을 가진 자는 복을 받으리니 이는 양식을 가난한 자에게 줌이라"(잠 22 : 9). 눈은 성령을 받기 전에는 죄악의 도구로 정욕을 발동시키는 기구였다. 그러나 성령을 받으면 눈이 변화받아 새로와져야 한다. 눈으로 죄된 것 보지 말고 남의 허물된 것 보지 말고 세상의 것을 보지 말고, 눈을 들어 신령한 것을 보고 남을 불쌍히 여기는 선한 눈을 가져야 한다.

신발 장사에겐 신밖에 안 보이고, 음식 장사에게는 손님밖에 안 보이며, 도적에게는 도적질 할 것밖에 안 보인다지만 성도에게는 영적인 것, 참된 것, 의로운 것, 선한 것밖에 안 보여야 한다. 세상에 대해 눈을 감고 신령한 것에 눈을 떠야 한다. 그리고 눈으로 선을 베풀라, 그것이 양선의 둘째 열매이다.

(3) 말의 선

"선한 말은 꿀송이 같아서 마음에 달고 뼈에 양약이 되느니라"(잠 16 : 24). 말 속에는 사람의 마음을 달게 하는 꿀송이도 들었고, 뼈를 깎는 칼도 들었다. 그 말을 통해 그 인격이 나타나고 그 신앙이 나타난다. 성령받은 자는 그 입으로 기도하고 찬송하고 진리를 전하고 하나님께 영광돌린다. 샘이 한 구멍에서 단 물과 쓴 물을 낼 수 없듯 한 입으로 찬송과 저주를 함께 할 수 없다(약 3 : 9-11).

성도는 그 입으로 악을 베풀지 말고 선을 베풀어야 한다. 남을 위로하고 권면하고 권고하고 돕는 복된 입이 되어야 한다. 그것이 양선의 열매인 것이다. 열의 슬픔도 하나의 위로로 다섯의 슬픔으로 줄어들고, 다섯의 기쁨도 하나의 축하로 열의 기쁨이 될 수 있다. 선한 말은 마음의 양식이고 몸에 보약이 된다. 그러나 말의 양선 중에 최고는 남을 위해 기도해 주고 복음을 전해 구령을 하는 일이다. 말로써 선을 베푸는 것은 양선의 셋째 열매이다.

(4) 손의 손

"네 손이 선을 베풀 힘이 있거든 마땅히 받을 자에게 베풀기를 아끼지 말며"(잠 3 : 27)라고 하였다. 손은 사람의 생각과 행동의 표현이요, 그 인격을 대표한다. 손의 선은 구제를 말함이다. 그것은 곧 물질의 선인 것이다.

야고보서 4장 17절에 "선을 행할 줄 알고도 행치 아니하면 죄"라 하였다. 주님은 오른 손이 하는 것을 왼 손이 모르게 하라고 하셨다 (마 6 : 3 - 4). 손을 들어 자기의 뜻을 표하고 손을 모아 기도한다. 손을 내밀어 악수하고 손을 들어 길을 가리킨다. 손을 선하게 가져 거룩한 인격을 갖자. 그 손이 어떠한가에 따라 행위가 결정될 때도 있다. 그래서 수단, 수법, 명수, 수완, 선수, 조수라는 말이 있다. 손을 선하게 사용하여 사마리아인 같은(눅 10 : 30 - 37) 양선의 열매를 맺자. 사람은 그 손으로 행한 대로 받는다.

잠언 12장 14절, "사람은 입의 열매로 인하여 복록에 족하며 그 손의 행하는 대로 자기가 받느니라"하였다. 악을 심어 악의 열매를 거두는 사람이 되지 말고, 선을 심어 선의 열매를 거두는 축복의 사람이 되자. 로마서 2장 10절, "선을 행하는 각 사람에게는 영광과 존귀와 평강이 있으리라" 하셨다.

5. 양선의 한계

양선의 한계는 없다. 끝이 없는 것이 성도의 선이 되어야 한다.

(1) 선을 베풀 상대에 한계가 없다.

데살로니가전서 5장15절에 "삼가 누구에게든지 악으로 악을 갚지 말게 하고, 오직 피차 대하든지 모든 사람을 대하든지 항상 선을 쫓으라" 하였다. 성도의 선은 원수에게까지도 베풀어져야 한다.

(2) 선을 베푸는 장소에 한계가 없다.

교회에서뿐 아니라 사회에서도, 사람이 보는 데서뿐 아니라 안 보이는 데서도 선을 행할 줄 알아야 한다(롬 13:3). 은밀한 중에 선을 행하는 양선이어야 한다.

(3) 양선에는 경우에 한계가 없다.

"악에게 지지 말고 선으로 악을 이기라"(롬 12:12). 경우가 악해도 선으로 악을 이겨야 한다. 어떤 경우라도 선을 고수함이 양선이다.

(4) 양선은 시간에 한계가 없다.

"우리가 선을 행하되 낙심하지 말찌니 피곤하지 아니하면 때가 이르매 거두리라"(갈 6:9). 끝까지 양선을 베풀라는 것이다. 상대편에 반응이 없어도, 효과가 안 나도, 참고 선을 행하되 끝까지 선을 베푸는 것이 양선이다.

제 8 장

충성의 열매

1. 충성 열매란 무엇인가? (딛 2 : 10, 마 25 : 21, 눅 16 : 10)

이 본문의 충성이라는 말의 헬라어 성경 원어는 '피스티스'이다. 피스티스의 뜻은 믿음직하다, 신임성있다라는 뜻이다. 확신, 성실성과 신뢰성이 있는 마음 상태를 가리킨다. 그래서 믿음으로 번역된 성경도 있다. 구약성경의 충성이라는 단어는 '아만'인데 신성하다, 확실하다, 진실하다, 정직하다는 뜻이다. 충성이란 거짓이나 꾸밈이 없는 순수한 신앙적 마음가짐과 생활 자세를 가리킨다. 충성의 열매란 그렇게 사는 생활을 말한다. 그러므로 충성된 사람과 진실된 사람이 통하고 불충한 사람과 거짓된 사람과 통한다고 할 수 있다. 거짓이 없는 바른 신앙의 사람은 누구나 충성된 사람이 되지 않을 수 없다. 그것은 그 신앙이 불변하시는 하나님께 토대가 있으므로 세상 것이나 자기 기분에 흔들림 없이 오직 하나님을 향해 바르게 살려고 힘쓰고, 하나님의 요구에 "아멘"의 생활을 하기 때문이다.

2. 누구에게 충성할 것인가?

　성도의 충성의 상대는 오직 한 분 하나님뿐이어야 한다. 성도가 섬길 대상이 과연 하나님 외에 누가 있을 수 있는가? 하나님 외에 누가 있다면 그것은 충성이 아니요 배신이며, 우상이 되고 죄가 된다. 우리는 어떤 일이 있어도 하나님에 대한 충성으로 돌아가야 한다. 우리는 창조에 의해 하나님의 것이요, 구속에 의해 하나님의 것이요, 성령에 의해 하나님의 것이다. 그러므로 오직 하나님께 충성해야 한다. 그것은 그리스도인의 신앙의 목적이요, 인생의 목표가 된다. 그리고 하나님께 충성한다는 것은 우리의 전체가 다 포함된 삶이어야 한다. 하나님께 충성함으로 교회를 사랑하고, 진리를 사랑하고, 사명에 충실하고, 사람을 사랑하게 된다.

　아벨이 죽음을 걸고 바른 제사를 드림으로 충성했고, 아브라함이 말씀에 순종함으로 충성했고, 요셉은 죄를 범하지 않음으로 충성했다. 모세가 이스라엘 민족을 애굽에서 인도함으로 충성했고, 솔로몬이 성전을 지음으로, 세례 요한이 바른 말하다가 죽음으로, 엘리야는 불의와 대항함으로 충성했고, 바울은 이방에 복음을 전함으로 하나님께 충성하였다. 어떤 청년이 목사님께 말했다. "저는 지금 무척 혼란을 겪고 있읍니다. 직장에서는 내가 해서는 안 될 일을 하라고 시킵니다. 그렇다고 그 일을 하지 않으면 쫓겨나게 됩니다. 어머니까지 봉양해야 할 입장인데 어떻게 하면 좋습니까?" 목사는 "당신의 어머니나 직장에 대한 충성은 문제가 안됩니다. 문제는 당신의 양심과 하나님께 대한 당신의 충성입니다. 오직 이 충성에 따르십시요. 그러면 모든 일이 다 해결될 것입니다"라고 대답하였다.

　우리는 어떠한 희생을 치르더라도 오직 하나님만 섬기고 충성할 계명을 가졌다. 설사 스데반처럼 순교할지라도 말이다.

3. 충성의 자세

(1) 외식과 형식이 없어야 한다(마 6 : 24).
진실이 없는 것은 충성이 아니다. 성실함이 곧 충성이다. 그러므로 충성에는 외식과 형식이 용납되지 않는다. 외식과 형식은 두 마음이다. 한 사람이 두 주인을 섬기지 않는 것이 충성이다.

(2) 환경에 불구하고(계 2 : 10)
환경에 따라 변하는 것은 충성이 아니다. 좋을 때나 나쁠 때나, 괴로우나 즐거우나 충성은 충성이어야 한다. 평탄할 때 충성하고 어려울 때는 고개를 들어 박는 달팽이식 충성은 충성이 아니다. 사드락과 메삭과 아벳느고와 같이, 다니엘과 같이 어려울 때 더 빛나는 충성이 참 충성이다.

(3) 조건을 불문하고(마 20 : 1-10)
이로울 때 충성하고 불리할 때 배반하는 것은 충성이 아니다. 조건 불문하고 충성하는 것이 참 충성이다. 충성은 이욕을 초월해서 존재한다. 조건에 따라 충성하는 것은 충성이 아니다. 배신이다. 칭찬이 있듯 없든, 보상이 적든 크든 또는 있든 없든 조건 불문하는 것이 충성이다.

(4) 일의 대소를 불사하고(눅 19 : 17)
작은 일에 충성하는 자가 큰 일에도 충성할 수 있다. 작든 크든 맡은 대로 충성함이 참 충성이다. 작은 일을 무시함은 충성이라 할 수 없다. 작은 일이라도 주의 일이 분명하다. 세상에서 크게 성공한 사람은 작은 일에 충성한 사람이 많다. 작은 일에 충성은 숨은 봉사로 복받은 충성이다.

(5) 남의 시선을 불견하고 (마 6 : 3-7)

하나님께 충성은 하나님 앞에 충성이다. 사람의 모든 일은 사람이 인정해 주든 말든 그것이 문제가 아니라, 하나님의 인정이 문제이다. 하나님 보시기에 맞도록 충성해야 된다.

(6) 죽도록 참고 견디어야 충성이다 (계 2 : 10).

옛말에 생명 건 충성은 못 이룰 것이 없다 하였다. 생명 걸고 끝까지 견디다가도 마지막 순간에 넘어지면 충성이 될 수 없다.

6.25사변 때 박석현 목사는 광주 양림교회 목사였다. 공산당들이 목사님 가족들을 죽이려고 잡아냈다. 전 가족을 죽이려는 살기 등등한 공산주의자에게 우리 가족 4명은 예수님을 위해 죽는 것은 당연하지만 일하는 하녀는 죽이지 말고 돌려 보내 달라고 청했다. 공산당들도 하녀아이는 석방했다. 그 하녀가 요행히 죽음을 면하고 물러가다가 몸을 숨기고 주인집 사람들의 최후를 보고 돌아와서 전하였다. "저들은 먼저 박 목사 장모를 죽였다. 그리고 사모를 죽였다. 목사님의 어린 외아들은 두려워 떨었다. 목사님은 어린 아들의 머리를 붙들고 "두려워하지 말라. 잠시 후면 하늘나라에서 어머님도, 나도 만날 것이니 눈을 들고 하늘을 보라" 한 후 기도하자 목사님 가슴에 창을 꽂았다. 목사님은 가슴에서 피를 쏟으면서 "하늘 가는 밝은 길이 내 앞에 있으니…"라는 찬송을 부르며 숨을 거두었다.

4. 충성의 열매맺는 방법

(1) 말씀에 따라 순종함으로 충성하게 된다.

말씀이면 이유 불문하고 아멘이 되는 생활, 그것이 충성을 이루는 길이다. 하나님 말씀은 하나님 자신의 뜻이다. 거기에는 하나님 자신의 섭리가 담겨있다. 그러므로 사람에게는 순종만이 최선의 길이다. 순종은 제사보다 나은 충성의 길이다 (삼상 15 : 22).

아브라함은 백 세에 나은 아들 이삭이라도 모리아 산에 번제를 드리라 할 때 그 말씀이 하나님 말씀이기에 이유를 묻지 않았다. 순종했다! 그리하여 충성할 수 있었다.

아프리카의 선교사 리챠드 목사는 토인들에게 누가복음을 번역하여 가르쳤는데, 6장30절을 강해할 때 그 말씀을 번역하여 가르치지 않고 뛰어 넘어가 31절부터 가르쳤다. 그 말씀은 "무릇 내게 구하는 자에게 주며 네 것을 가져가는 자에게 다시 달라 하지 말라"는 말씀인데, 만일 이 말씀을 가르치면 토인들이 그 선교사의 것을 다 달라고 할 것 같아서였다. 그러나 그것이 아무래도 마음에 걸려 마침내 순종하는 마음으로 번역하여 가르쳤더니 아닌게 아니라 토인들이 선교사의 것을 다 달라고 하였다. 그래서 달라는 대로 다 주었더니 그 때야 감동이 되어 토인들이 가져갔던 것을 도로 갖다주면서 당신은 참으로 하나님의 사람이라며 순종했다 한다. 순종은 언제나 생각과는 달리 기적과 축복이 되는 것이다.

(2) 항상 하나님 앞에 사는 신앙이 충성으로 이끈다.

어디든지 보시는 하나님을 믿는 신앙이 사람을 충성으로 이끈다. 하나님의 낯은 어디를 가 숨어도 피할 수 없음을 아는 신앙, 비록 골방에 숨어도, 어두움 속에 숨어도 피할 수 없음을 아는 신앙, 고래 뱃속에 들어가도 하나님의 눈이 감찰할 수 있다는 신앙이 성도를 충성으로 이끈다. 요셉은 보디발의 아내가 범죄하려 할 때 내가 하나님 앞에 어찌 범죄하리요 하고 끝까지 범죄하지 않고 하나님 뜻대로 살아서 충성된 사람이 되었다.

6.25 때 어떤 목사의 가정에 인민군들이 들이닥쳐 마구 뒤지며 목사 가족을 총살시키고자 하는데, 교회 제단을 지키려고 끝까지 남은 그 목사는 숨을 곳을 찾지 못하고 급한 나머지 변소에 숨었다. 그 때 인민군은 찾다 찾다 못 찾고 소변을 보러 변소에 왔었다. 목사는 이제는 죽었다고 생각하고 구석에 붙어 있었는데, 인민군은 문을 확 열고 목사

옷에 소변만 보고 변소 문을 쾅 닫고 가버렸다. 목사는 그 때 더러운 변소에 꿇어 앉아 기도하기를 "하나님은 변소에도 계십니까? 저를 이렇게 지켜주시니 감사합니다. 이제 한 번 죽은 목숨을 살려 주셨으니 충성을 다하겠읍니다" 하였다.

(3) 사명 인식이 충성의 열매를 맺게 한다(행 20 : 24).

사명과 충성은 서로 연관성이 깊다. 사도 바울은 주님께 받은 사명을 바치려 함에는 생명을 조금도 아끼지 않는다고 하였다. 사명은 그 인생을 뜻있게 하고, 그 생을 힘있게 하고, 빛나게 한다. 모든 사명은 하나님으로부터 주어졌다고 생각할 때 그것은 거룩한 것이다. 반드시 이루어야 될 책임을 진다.

학교에는 소사가 있고, 회사에는 급사가 있고, 나라에는 특사가 있고, 하늘에는 천사가 있다. 모두가 책임을 맡은 자요, 그 책임을 위해 살아가는 자다. 사명이란 뜻은 책임을 위해 목숨을 바친다는 뜻이다. 성도의 충성의 열매는 자기 사명을 깨닫고 그 사명을 성취하려는 데서 성취된다.

(4) 상 주심을 믿음에서 이루어진다(히 11 : 6).

그리스도의 재림의 확신과 상 주심을 바람은 충성과 관계가 깊다. 마태복음 25장14절 이하의 달란트 비유를 보라. 게으른 종은 주인의 오심에 무관심하며 놀았고, 충성된 종은 주인의 오실 것을 대비하여 기대를 걸고 상 받을 것을 위해 충성을 다했다. 주님이 반드시 재림하신다는 확신은 사람으로 소망을 갖게하고 충성을 하게 한다. 예수님이 초림한다는 예언은 구약에 456회 예언되었고, 주님의 재림에 대해서는 신구약에 1518회 예언되었다. 반드시 재림은 이루어진다.

제 9 장

온유의 열매

1. 온유의 의의(고후 10:1, 엡 4:2)

　온유의 원어 '프라오테스'는 하나님께 복종, 이해심, 동정심, 마음씨 좋고 신중함의 뜻이다. 악의가 없는 부드럽고 따뜻한 마음이다. 남을 해하지 않고 교만하거나 사납지 않고 참아줄 줄 아는 덕스러운 성품이다. 도량이 넓어 이해력이 깊고 관대하며 혈기를 내지 않고 사납지 않으며 너그럽고 침착한 성품이다. 이것은 하나님 경외심의 외적 나타남이요, 성령받은 자가 하나님의 성품을 받아 대인관계로 살 때 나타나는 생의 태도이다. 하나님의 자비, 이해, 용서, 인내, 선함이 있는 마음가짐과 삶이다. 성령이 그 심령을 다스림으로 이기심, 고집, 허영심, 자만, 복수심, 악의, 사욕 등이 제하여지고 다스려진 부드러운 마음과 생활이다.
　그러나 온유는 나약하거나 비굴하거나 자포자기가 아니다. 세상에서 가장 온유한 모세는(민 12:3) 강한 애굽을 물리치고 이스라엘 민족을 해방시켰고, 주님은 온유한 분이시나 세상을 이기셨다.
　온유는 물과 같은 것이다. 굳은 땅을 부드럽게 하고 식물을 살리고 바위 언덕을 돌아가지만 마침내 바다에 도달하고 아무도 이길 수 없는 큰 물이 된다. 은혜가 내리고 축복이 머무는 마음이다.

2. 온유의 실제

(1) 하나님께 온유

하나님의 뜻을 알아 그 뜻에 복종한다(5 : 5, 11 : 29). 그 말씀, 그 뜻에 절대 순응한다. 하나님의 섭리 가운데 어떤 환난, 시험, 불행, 실패, 슬픔이 와도 불평 불만 않고 방황이나 낙망 않고 조용히 참고 견디어 하나님의 도우심만을 기다리는 신앙 태도이다.

성령의 바람에 흔들리는 버드나무요, 은혜의 손에 움직이는 물결이다. 욥을 생각하라! 고난의 때나 축복의 때나 그렇게 묵묵히 사는 것이 하나님 앞에 온유이다.

(2) 사람에 대해 온유

"그리스도의 온유와 관용으로 친히 너희를 권하고"(고후 10 : 1), "온유한 심령으로 그러한 자를 바로 잡고"(갈 6 : 1), "그러므로 너희는 하나님의 택하신 거룩하고 사랑하신 자처럼 긍휼과 자비와 겸손과 온유와 오래 참음을 옷 입고 누가 뉘게 혐의가 있거든 서로 용납하여 피차 용서하되 주께서 너희를 용서하신 것과 같이 너희도 그러하라"(골 3 : 12 - 13).

남의 죄와 실수를 들추지 않고 오히려 덮어주고 도와주며, 남이 나에게 괴롭게 하고 중상 모략해도 그런 것에 마음을 두지 않고, 태연히 참아주고 선을 베풀고 복을 빌어주는 마음이 온유이다. 아리스토틀은 과노와 무노의 중간으로 노해야 할 경우만 노하고 아닌 때는 노하지 아니하는 사람의 특질이 온유라 하였다.

주 목사는 독신 교역자였다. 그는 젊은 가정부를 두었는데 과부였다. 그 가정부가 주 목사에게 온지 몇 년 후 임신을 하고 그 책임을 주 목사에게 돌렸다. 시찰회에서 조사하여 그 부인의 말만 믿고는 노회에서 제명을 했다. 그러나 주 목사는 그 교회를 떠나지 않고 산기슭에 움막을 짓고 주일과 수요일 새벽 기도 시에도 아이를 업고 말석에 앉아 예배를 드렸다. 모두가 그 목사를 마귀 자식으로 보고 안 믿는 사람도 침을 뱉으며 저주했다. 그러나 주 목사는 원망 않고 아이를 세 살까지 갖은 고생으로 키웠는데 그 여인은 마침내 양심을 더 속일 수 없어 사실을 고백했으며, 시찰회에 가서 4촌 시숙과 불의의 관계로 된 아이였으나 차마 부끄러워 말을 못하고 주 목사에게 뒤집어 씌운 것이라 하였다.

이 말을 들은 목사들은 말을 못하고 산기슭 움막에 주 목사를 찾아가니, 그 때 마침 주 목사가 어린아이를 업고 성경을 읽고 있었는데 그 얼굴에 희열과 거룩한 빛이 가득한 채 감히 가까이 가지 못할 권위에 발을 멈추었다. 그들은 주 목사를 차에 태워 돌아온 후 자기들의 눈이 어두움과 경솔함을 사죄하고 다시 주 목사에게 묻기를, "어찌해서 아니라고 말씀하시지 않았읍니까?"고 물었다. 그의 답은 이러하였다. "글쎄올시다, 그 자매가 어째서 그런 죄를 지었는지는 모르지만 나와 한 집에 있어 가장 가까운 사람으로 알고, 나를 믿고 의지하려고 한 그 여인을 내가 맡아주지 않으면 어찌되겠오. 우리 주님은 나같은 죄인을 위하여 고초와 수치를 다 당하시고 십자가까지 지셨으니 그것이 무엇 그리 대단하겠오?"

이 말을 들은 교역자들은 다시 한 번 무릎을 고쳐 머리를 숙였다.

너무 감격한 그 교역자들은 다시 한 말을 물어보았다. "그런데 그 어린아이는 어떻게 키우려고 책임을 졌읍니까?" 주 목사는 다시 대답하기를 "임자가 없으니 힘대로 키워주려고 한 것뿐입니다"라고 하였다. 모든 교역자들은 참으로 큰 감격을 가지고 그를 존경하였고, 그 여인도 회개한 후 구원을 얻었으며 그렇게 흉물로 보이던 주 목사는 모든 교인들에게 천사와 같은 존경을 받았다.

잠언 16장32절에 "노하기를 더디하는 자는 용사보다 낫고 자기의 마음을 다스리는 자는 성을 빼앗은 자보다 낫다"고 하였다. "아무에게도 악을 악으로 갚지 말고 모든 사람 앞에서 선한 일을 도모하라, 할 수 있거든 너희로서는 모든 사람으로 더불어 평화하라"(롬 12 : 17 - 18) 하셨다.

3. 온유를 이루는 길

이 온유는 타고난 온유를 말함이 아니요, 수양이나 도덕을 쌓아 이룬 온유도 아니며 거듭난 성도가 신의 성품을 받을 때 이루어진다. 에스겔 36장26절에 "새 영을 너희 속에 두고 새 마음을 너희에게 주되 너희 육신에서 굳은 마음을 제하고 부드러운 마음을 줄 것이라" 하셨다. 중생 성도에게 성령은 성령받는 즉시 온유한 마음을 주시지만 그것은 씨와 같고 심은 것과 싹난 것에 불과하다.

성령에게 꾸준히 순종하고 성령에 따라 살 때 온유가 이루어진다. 꾸준한 발전이 요구된다. 성령에 순종함으로 육의 나의 이기심, 고집, 교만, 혈기, 사욕은 죽이고 그리스도의 마음이 이루어지게 하고(빌 2 : 5) 그런 대로 살아가야 한다.

제 10 장

절제의 열매

1. 절제 열매의 의의 (벧후 1 : 6)

성령의 열매 중에 제일 끝에 기록된 열매는 절제의 열매이다. 절제의 열매는 흔히 잘 모르는 것이 보통이다. 이 열매는 사람들이 즐겨 맺는 단 열매도 아니고, 사랑과 희락과 화평의 열매같이 환영받는 열매도 못 되며, 인내와 충성의 열매같이 빛나는 열매도 아니지만, 그러나 모든 열매 중에 없어서는 안될 마무리 열매로 절대 불가결의 열매이다. 다른 모든 열매를 물러 떨어지거나 설익어 떨어지지 않도록 굳게하는 역할을 하는 열매이다.

믿음을 다지고, 심령을 깨끗이하며, 생활을 규모있게 하고, 인격을 빛나게 하며, 삶을 승리케 하는 능력의 열매이다. 성도를 성도답게 살게 하는 열매이다 (고전 9 : 25-27).

디모데전서 3장에 목사, 장로, 집사 자격에 필수적으로 절제가 조건으로 들어있다. 이 열매는 쓰디 쓰지만 성도가 자기에 대해 반드시 맺어야 할 좋은 열매이다.

절제의 열매란 성경 원어 '에크 라테이아'로 자제라는 뜻이다. 성령의 힘으로 자기 자신을 조절하는 자제의 열매이다. 육의 감정적 욕구를 믿음으로 성령의 도우심으로 잘 조절해 나가는 생활을 가리킨다. 사람은 나면서부터 죽을 때까지 육체를 떠날 수 없다. 성도는 영으로써 육을 이기며, 육을 잘 다스려 나가야 신앙생활에 성공한다. 사람이 육체가 하자는 대로 살면 그 인격, 그 신앙, 그 삶, 그 영혼이 파멸하게 된다. 성령의 도우심으로 그 육을 자제하고 다스려야 하는데 그것을 절제라고 하고 그 행실을 절제의 열매라 한다.

2. 절제의 실제 (무엇을 절제해야 하는가?)

(1) 먹고 마시는 것의 절제

사람이 먹고 마시는 것은 중요하다. 그래서 인류 조상 아담도 먹는 시험에 걸려 넘어졌고, 주님도 제일 먼저 먹는 것에 시험을 받으셨다. 금강산도 식후경이요, 수염이 석 자라도 먹어야 양반이라고 세상 사람은 말한다. 그러나 사람이 빵만으로 살 것이 아니요, 하나님의 입으로 나오는 말씀으로 살 것이라 하셨다.

성도는 음식에 대해서도 먹을 것은 먹고 안 먹을 것은 안 먹고, 마실 것은 마시고 안 마실 것은 안 마실 수 있는 절제의 힘을 가져야 한다. 먹고 마시는 것 때문에 실패한 아담과 하와, 에서와 발람같은 사람이 되지 말자. 술, 담배같은 것도 끊을 힘을 갖자. 먹고 마시는 것에서 자유로운 절제의 힘을 가진 성도가 되자.

어떻게 절제의 힘을 기를까? 때로는 성령의 도움으로 금식 기도를 하고 절제에 단련하자. 피타고라스는 자기 제자들을 금식시키고 공복 중 음식을 차려 놓고는 식사 기도까지 하고 일어서게 하여 절제의 힘을 길렀다고 한다. 오늘날 얼마나 많은 사람들이 먹고 마시는 것 때문에 범죄하는가? 먹고 마시는 것을 절제하여 말씀대로 살자.

(2) 의복의 실제

의복은 중요하다. 그래서 의식주 중 의가 먼저이다. 몇 끼, 아니 몇 일 굶어서는 살아도 옷 없인 못 산다. 그래서 의복이 날개라 했다. 그러나 의복이 지나쳐 사치와 허영, 죄가 생긴다. 옷을 잘 입으면 교만도 생기고 허영이 생기고 남이 보아주기를 바라고 죄지을 마음이 생긴다. 성도는 옷을 너무 사치하지 말고 경건하게 입고, 단정히 입자.

베드로전서 3장3절 "너희 단정은 머리를 꾸미고 금을 차고 아름다운 옷을 입는 외모로 하지 말고 오직 마음에 숨은 사람을 온유하고 안정한 심령의 썩지 아니할 것으로 하라. 이는 하나님 앞에 값진 것이니라" 하였다.

(3) 잠의 절제

잠자다 실패한 사람은 성경에도 있다. 노아가 술 취해 잠 자다 실패하여 자녀를 망하게 했고, 요나가 잠 자다 고래 뱃속에 들어갔고, 베드로가 잠 자다가 주님을 부인했고, 유두고가 잠 자다가 삼 층에서 떨어져 죽었다. 다윗은 낮잠을 자다가 깨어나 친추에 씻지 못할 죄를 지었다. 마태복음 13장25절에, "사람들이 잘 때에 그 원수가 와서 곡식 가운데 가라지를 덧뿌리고 갔다"고 주님은 말씀하셨다. 잠언 24장 33절에 "졸음은 빈궁이 강도같이 오고, 궁핍이 군사같이 온다" 했다. 잠은 사람의 심령의 피곤, 육의 피곤함을 풀어주지만 자서는 안될 때 자는 잠은 사탄에게 기회가 되는 것이다. 사람이 잠을 이기지 못하면 잠에 지쳐 자다가 시험에 든다. 성도는 철야 기도로 잠의 절제력을 얻어 잠자고자 하는 육을 지배하는 성령 충만한 성도가 되자.

(4) 돈, 물질의 절제

돈은 인간생활에 필요 불가결한 중요한 것이기에, 사람은 여기에 빠져 돈에 지배되기 쉽고 돈의 낭비와 그로 인한 방탕도 쉽다. 그러기에 돈을 지배하고 돈을 절제하는 능력을 성도가 가져야 한다. 돈을 잘 쓰면 하나님께 영광이 되지만 돈을 잘 못 쓰면 돈이 일만 악의 뿌리가 된다(딤전 6:10). "돈을 사랑함이 일만 악의 뿌리로 이것을 사모하는 자들이 미혹을 받아 믿음에서 떠나 많은 근심으로 자기를 찔렀도다" 하였다.

성도는 물질도 절제하여 후회 없는 생을 이루어야겠다. 안 쓸 데는 절대 쓰지 않고 저축하여 그것을 선한 일에 쓰는, 돈을 지배하는 성도가 되자.

(5) 말의 절제

사람의 말은 그 사람의 인격, 그 사람의 신앙을 나타내고 그 마음을 잘 나타낸다. 그 마음이 비뚤어지면 그 말도 잘 못 된다. 사람은 또 말이 많으면 실수도 많다. "혀는 능히 길들일 사람이 없나니 쉬지 아니하는 악이요 죽이는 독이 가득한 것이라"(약 3:8). 만일 말의 실수가 없는 자는 곧 온전한 사람이라. 능히 온 몸도 굴레 씌우리라 하셨다(약 3:2). 말을 잘 다스려 말로써 선을 베풀고 덕 되는 말만 하고 말로써 악을 행하지 말자.

(6) 마음의 절제

마음은 만사의 대 근본이다. 말도, 행동도, 선도, 악도 마음에서 나간다. 모든 것이 마음에서 나가는 것이니 절제할 것 중 절제할 것은 마음이다. 마음을 함부로 내맡기는 사람은 성공할 수 없다. 보고 싶은 것 다 보고, 듣고 싶은 것 다 들으면 그 마음이 어떻게 될 것인가? 잡지, 소설을 되는 대로 보고 텔레비젼도 초저녁부터 밤중까지 보니 싸우는 것, 욕하는 것, 죄 짓는 것, 죽이는 것, 모든 것을 은연 중에 마음에 심기어 마음이 잡초 밭이 되고 마는 것이다. 우리 마음을 잘 가꾸어야 한다. 잡된 세상 것 심지 말고 하나님 말씀과 선하고 참된 것을 심어 마음을 정결케 하자.

아가서 말씀같이 우리 마음은 잠근 동산, 덮은 우물, 봉한 샘이 되어야겠다. 울타리를 두르고 문을 닫고 빗장을 채운 비원 같아야 할 것이다. 오직 성령만이 계시는 거룩한 성전(고전 3 : 16)이 되자. 마음을 잠그는 마음의 절제를 이루어 신앙에 승리하자. 마음의 절제 중에 혈기와 분노, 허영, 욕망의 절제가 있다. 시기, 질투의 절제도 있다. 마음을 다스리는 것은 성을 빼앗는 것보다 낫다고 하였다. 마음을 성령께 맡겨 성령을 쫓아 마음을 절제하여 사단과 죄악의 침노를 막고 신앙의 승리를 이루자.

(7) 병의 절제

몸이 병이 들 때 육은 우리 심령을 지배하고자 한다. 육은 우리에게 과중한 요구를 한다. 성도가 병들 때 신앙이 흔들리거나 실패하는 수도 있다. 사도 바울은 병을 자기의 교만을 꺾는 은혜의 도구로 사용하였다. 디모데는 지병이 있어도 열심히 일했다. 성도가 병들 때 육의 요구에 쓰러지지 말아야 한다. 조금 아프다고 약국, 병원만 찾고 누워있지만 말고, 먼저 기도하고 성령의 도우심을 구하고 믿는 신앙의 힘으로 병을 이겨야 한다. 그리하면 성령의 신유로 치료될 줄 믿으라.

(8) 기타의 절제

고린도전서 9장 25절에 "이기기를 다투는 자마다 모든 일에 절제한다"고 하였다. 모든 일이란 영육의 모든 일을 말한다. 아무리 좋은 것도 지나치면 해가 되고 죄도 된다. 믿음도 도에 지나치면 해가 되고, 열심도 지나치면 해가 된다. 오락도 휴식도 좋지만 지나치면 해가 되고, 운동도 좋지만 지나치면 해가 된다. 영의 승리를 위해 모든 일에 절제해야겠다.

3. 절제의 능력

성도가 절제하고자 하는 소원을 가지고 주께 구하면 성령께서 성도를 도우셔서 이기게 하신다. 성령께서 우리의 굳은 마음을 제하고(겔 36 : 26) 부드러운 마음을 주시고 때로는 힘을 부어 주시고 때로는 권고, 때로는 책망, 때로는 기쁨을 주시어 절제케 하신다. 성령님의 역사를 소멸 말고 순종하여 성령님이 귀를 막을 때 듣지 말고, 눈을 가리울 때 보지 말고, 성령님이 입을 막을 때 말하지 말자.

    어떤 사람이 기차 여행을 할 때 옆에 있는 세 사람이 노름을 하면서 심심하니 함께 놀자고 하였다. 성도는 "저는 손이 없읍니다" 하였다. 술을 함께 먹자고 하였다. 성도는 "저는 입이 없읍니다" 하였다. 죄 지을 손과 입이 없다는 말이다. 예수의 사람, 성령의 사람은 육체와 함께 정과 욕심을 십자가에 못 박았다고 하였다. 만일 우리가 성령으로 살면 또한 성령으로 행할지니라 하였다. 정과 욕심과 육을 십자가에 못 박았으니 죽은 것이다. 다시 고개를 못 들게 하고 성령을 좇아 살아야 한다. 과목이 풍성한 열매를 맺기 위해 가지를 전지해야 되는 것처럼, 성도는 영적으로 풍성한 열매를 맺게 하기 위하여 모든 일에 절제해야겠다. 기도하고 간구하여 성령의 도우심으로 절제의 열매를 줄줄이 맺자. 그리하여 신앙생활에 승리하고 주 앞에 영광 돌리며 면류관을 받아 천국에서 해같이 빛나게 사는 성도가 되시기를 주 예수의 이름으로 축원합니다. 아멘!

찾아보기

가르치는 은사의 실제 98
가르치는 은사의 의의 96
가족 사랑 183
거룩하게 사는 길 46
결신을 촉구하는 방법 106
관대 관용 215, 203, 209
교사의 영적 사명 98
교육자 섬김 130
교회와 은사 81
구제 은사 161
권사의 사명 115
권사의 자격 113
권위의 은사의 의의 112
귀신 쫓는 능력 157
그리스도의 지식 52
그리스도인의 완전 70
기도 20, 46
기도의 능력 67
기도의 은사 146

눈의 선 216
능력 65, 155
능력 받는 원리 63
능력 행하는 은사란? 155
늦은비 은혜 42

단비 은혜 39
대접의 은사 161
돈의 절제 231

마음의 다스림 232
말씀 19, 47
말씀의 능력 68
말의 절제 232
목사의 은사의 의의 99
목사의 사명 100
믿음 21, 48, 143
믿음의 은사의 실제 145
믿음의 능력 21, 66, 146
믿음을 더하는 길 57, 59
믿음의 종류 143

발인 예배 139
방언을 발전시키는 방법 168
방언을 어떻게 받는가 168
방언 통역의 방법 171
병고치는 은사의 실제 152
병 치유의 방법 152
병의 다스림 233
병 안낫는 이유 153
복음 전도의 은사의 실제 104
복음의 체험 105
복음 전도의 사명 106
봉사 136
봉사의 자세 119

사도적 은사의 실제 85
사명 83
사랑 181

성도와의 화평 194
성격 차이 184
성경을 배우는 법 54
성령 충만받는 방법 31
성령 충만과 성령세례 31
성령의 인침 22
성령의 상징 해석 32
성령 충만 예화 34
성미하는 방법 128
성미의 복과 예화 129
성화의 원리 44
소낙비 은혜 41
손의 선 217
순종 47, 144
신앙 고백의 필요성 60
신앙 자라는 법 57, 59
신앙의 능력 66
신앙의 적용 66
신유의 실제 152
심방하는 방법 135
십일조 123
십일조 방법과 예화 124

양선 213
염하는 법 138
에스겔의 환상 12
영의 기관 11
영 분별 은사의 실제 159
영력 65

영성 생활 62
영음을 들음에 대해 93
영의 죽음 10
영의 부활 9
영적 생활이란 무엇인가? 29
영적 성장의 과제 33
영적 지식 50
예배 120
예배 위원 136
예산 방방 134
예언 은사의 방법 90
예언의 분별처리 94
원수 사랑 185
온유 225
은사란 무엇인가? 77
은사받는 방법 80
은사 받은 것을 아는 방법 82
은사를 발전시키는 방법 82
은사의 종류 83
음식 절제 230

은혜가 무엇인가? 36
은혜 충만 40
은혜의 열매 42
은혜 받는 방법 36
이웃 사랑 185
이혼 184
입신 91
인내 200

자기를 아는 지식　54
자비　207
자비의 은사　161
잠　231
장례 치루는 법　137
장로의 도리　108
장로의 자격　109
전도의 은사　149
전도의 능력　106
절제의 능력　233
조문하는 법　139
주일성수의 방법　121
주일과 안식일　120
중생　14
중생 방법　18
중생 체험　22

집사　133
집사 등급　140

찬송의 은사　147
첫 열매　126
최대의 축복　71
축복 은사　148
충성　219
치료 역사　102
치리 은사의 실제　109

하나님 사랑　182
하나님 섬김　120
하나님 아는 지식　52
하나님 형상　11
회개의 진리　38

❖ 원어 찾아보기 ❖

* 거듭나다 : 〔副〕 ἄνωθεν(anothen) 14
* 권세 : 〔名〕 ἐξουσία(exousia) 65
* 권위 : 〔名〕 παράκλησις(paraklesis) 112
* 기름부음 : 〔名〕 χρῖσμα(chrisma) 51
* 능력 : 〔名〕 δύναμις(dunamis) 65
* 다스리다 : 〔名〕 κυβέρνησις(kubernesis) 〔動〕 προτστημι(proistemi) 108
* 방언통역 : 〔名〕 διερμηνευτής(diermeneutes) 171
* 사랑 : 〔名〕 ἀγάπη(agape) 181
* 섬김 : 〔名〕 διακονία(diakonia) 118
* 양선 : 〔名〕 ἀγαθωσύνη(agathosune) 213
* 예배 : 〔名〕 λατρεία(latreia) 120
* 예언 : 〔名〕 προφητεία(propheteia) 89
* 온유 : 〔名〕 πραΰτης(prautes) 225
* 인내 : 〔名〕 μακροθυμία(makrothumia) 200
* 자비 : 〔名〕 χρηστότης(chrestotes) 207
* 절제 : 〔名〕 ἐγκράτεια(egkrateia) 229
* 중생 : 〔名〕 παλιγγενεσία(paliggenesia) 14
* 충만 : 〔名〕 πληρόω(pleroo) 30
* 충성 : 〔名〕 πιστός(pistos) 〔動〕 אמן('aman), 219
* 회개 : 〔名〕 נחם(nacham), 〔動〕 שוב(shub) 〔名〕 μετάνοια(metanoia) 38

영성훈련의 이론과 실제

2009년 3월 20일 1판1쇄 인쇄
2009년 3월 25일 1판1쇄 발행
저 자 조 병 두
발행자 심 혁 창
발행처 **도서출판 한글**
서울특별시 서대문구 북아현동221-7
☎ 02) 363-0301 /영업부 02-362-3536
FAX 02) 362-8635
E-mail : simsazang@hanmail.net
등록 1980. 2. 20 제312-1980-000009

△ 파본은 교환해 드립니다
IN GOD WE TRUST
정가 **12,000원**

ISBN 978-89-7073-297-8-92660